KB069898

최준식 교수의 한국문화지 ❶

종묘대제

최준식 교수의 한국문화지

①

宗廟大祭

종묘대제

한국 사람이라면 알아야 할 나라 제사

최준식 · 송혜나
지음

주류성

차 례

책에 실린 사진들은 문화재청과 전주이씨대동종약원의 도움을 받았습니다.

시작하며

I
종묘와 종묘대제는 우리에게 무엇인가?

종묘는 대체 어떤 것인가? 사람들은 이것이 서울 시내에 있으니 그 중요성을 잘 모르고 있는 것 같다. 그저 옛 건물이 있는 고궁 비슷한 것 정도로 생각하는 것 같다는 말이다. 그래서 경복궁이나 창덕궁 같은 진짜 고궁에 비해 방문하는 빈도가 현저히 떨어진다. 가봐야 주변 환경도 그리 청결하지 못하고 안에 들어가 보아도 볼 것이라고는 긴 건물 하나만 있으니 구경거리가 영 없는 것 같기만 하다. 그래서 20~30분 휙 돌아보면 더 이상 볼 게 없는 그저 그런 유적으로 보이기 십상이다.

그에 비해 경복궁이나 창덕궁은 어떤가? 경복궁이야 법궁(정궁)이니 장엄하고 볼거리가 많다. 또 아름다운 연못 정원(경회루와 향원정)이 둘씩이나 있다. 이야깃거리도 한두 가지가 아니다. 그래서 다 둘러보려면 시간도 오래 걸리고 다 보고나면 마음이 풍성해진다. 창덕궁도 그렇다. 창덕궁은 유네스코 지정 세계유산이니 그 빼어남에 대해서 더

멀리서 바라본 종묘(정문과 정전이 보인다)

말할 것도 없다. 특히 후원의 아름다움은 세계가 알아준다. 예약하기 힘든 후원에 가지 않더라도 자유관람이 허용된 인정전 주위나 낙선재 쪽도 아름답기 그지없다. 이런 궁에 비해 종묘는 어찌 보면 초라하게 까지 보이는 것이다.

종묘가 이런 인식을 주는 가장 결정적인 이유는 무엇일까? 그것은 종묘가 제사 드리는 사당(조상의 위패를 모셔놓고 제사 지내는 건물)이라는 데에서 찾을 수 있다. 종묘는 사당이니 화려하고 아름답게 만들 수 없다. 단청도 할 수 없다. 그저 수수하게 보여야 하기 때문이다. 대체로 이런 요소 때문에 종묘는 강렬하게 보이지 않는다. 그런데 여담이지만 종묘 건물에 칠한 것이야말로 진짜 단청이라고 할 수 있다. 왜냐하면, 종묘 건물에는 붉은 색(붉을 단, 丹)과 푸른(푸를 청, 靑)색만 칠해져 있기 때문이다. 궁이나 절에서처럼 그렇게 호화로운 색깔은 보

종묘 정전 단청

이지 않는다. 이렇게 밋밋하니 종묘는 궁처럼 그다지 인기가 없는 것일 것이다.

그러나 한 번 다시 생각해보면 이 종묘가 얼마나 대단한 곳인지 금세 알 수 있다. 종묘에는 세계적인 유산이 수두룩하게 있기 때문이다. 우선 종묘는 세계적인 가치를 인정받아 그 전체가 1995년에 유네스코 세계문화유산에 등재되었다. 물론 종묘의 정전 건물은 국보(227호)이고 옆에 있는 영녕전도 보물(821호)이다. 그런데 종묘는 건물만 있으면 그 진가가 다 드러나지 못할는지도 모른다. 왜냐하면, 종묘에서는 제례와 제례악이 행해지고 있기 때문이다. 사실 종묘는 이 제례와 제례악이 있어 세계적으로 유명한 유적이 되었다. 한국 정부는 일찌감치 종묘제례와 종묘제례악이 매우 중요한 유산임을 알아채고 이를 분리하여 각각 중요무형문화재 제56호와 제1호로 지정했다. 유네스코도 이

경복궁 근정전 단청

계열에 동참해 지난 2001년 "인류구전 및 무형유산 걸작"에 '종묘제례 및 종묘제례악'을 선정했다. 물론 한국 정부가 신청한 것을 유네스코가 엄격한 심사를 거쳐 받아들인 것인데 한국의 무형 유산 가운데에 가장 먼저 이 '종묘제례 및 종묘제례악'(이하 종묘대제)이 인류무형유산에 등재되었다.[1]

이처럼 종묘와 종묘대제는 국내외적으로 엄청난 인정을 받았는데 이 것은 당연한 일이라 할 수 있다. 이유는 자명하다. 세상에 이런 게 없 기 때문이다. 종묘는 그 장엄함과 특이함에 유례가 없는 것이고 종묘

---

1) 참고로 2016년 5월 현재 유네스코에 등재된 한국의 인류무형문화유산은 모두 18개이다. 순위 로 볼 때 세계 3위이다. 목록은 다음과 같다. '종묘제례 및 종묘제례악'(2001), '판소리'(2003), 강릉단오제(2005), 강강술래(2009), '영산재'(2009), '남사당놀이'(2009), '처용무'(2009), '제주 칠머리당 영등굿'(2009), '매사냥'(2010), '대목장'(2010), '가곡'(2010), '한산 모시짜기'(2011), 택견(2011), 줄타기(2011), '아리랑'(2012), '김장, 김치를 담그고 나누는 문화'(2013), 농악(2014), 줄다리기(2015).

대제는 어떤 특정 왕실의 제사가 550년 이상 지속되어온 예가 전 세계에 없기 때문이다. 한 왕조가 500년 이상 가기도 힘든데 이 제사는 그 기간을 넘어 오늘날까지 지속되고 있는 것이다. 종묘대제는 중화 문명의 왕실 제례 양식을 띤 것으로 제례와 함께 음악, 노래, 춤이 한데 어우러진 종합적 의례라 할 수 있다. 나중에 본문에서도 강조하겠지만 이 의례는 유교의 예악사상, 즉 예의와 음악은 같이 있어야 완성된다는 사상을 가장 잘 표현한 의례인 점에서 세계

종묘대제 안내문

정전 제향 ©문화재청

영녕전 제향(2014년)

에 유례가 없다. 물론 여기서 하는 것은 중국의 의례를 본뜬 것이다. 그러나 정작 이러한 제례의 기원이었던 중국에는 이 제례가 진즉에 소멸되고 없다. 그런 정통 왕실 제사가 한국에서는 550년을 이어왔으니 그걸 유네스코에서 그냥 지나칠 리가 없지 않은가?

이런 대단한 유산을 정작 주인공인 한국인들은 잘 모르고 있다. 사정이 그렇게 된 데에는 여러 이유가 있겠지만, 종묘와 종묘대제에 대한 설명이 고루한 것에서도 그 이유를 찾을 수 있을 것이다. 얼마나 고루하고 이해가 안 되는지 다음의 설명을 보자. 이 유산에 대해서는 여러 가지 설명이 있지만 대체로 그 고루함은 비슷비슷하다.

우선 종묘 건축에 대한 것을 보면,

종묘의 정전에는 19실(室)에 19위의 왕과 30위의 왕후 신주를 모셨으며, 영녕전에는 정전에서 조천된 15위의 왕과 17위의 왕후 및 의민황태자(懿愍皇太子)의 신주를 모셨다. 신주의 봉안 순서는 정전의 경우 서쪽을 상(上)으로 하고 제1실에 태조가 봉안되어 있고, 영녕전에는 추존조(追尊祖)인 목조(穆祖)·익조(翼祖)·도조(度祖)·환조(桓祖)를 정중(正中)에 모시고 정전과 마찬가지로 서쪽을 상으로 하여 차례대로 모셨다. 이를 소목제도(昭穆制度)라고 한다.(두산백과)

다음은 종묘제례에 대한 설명이다.

조선 시대의 종묘제례는 춘하추동 4계절과 12월 납일(臘日)에 봉행하였는데, 융희(隆熙) 2(1908)년에 공포된 칙령 〈향사이정령(享祀釐正令)〉에 의하여 납향제(臘享祭)가 폐지되고 4계절의 첫 달인 춘정월·하사월·추칠월·동시월 상순내에 택일하여 봉행하고, 배향공신제(配享功臣祭)는 동향일(冬享日)에 한하여 행하였으며... (위키백과)

과연 종묘와 종묘대제에 관해 이처럼 사전에 나와 있는 설명을 읽고 제대로 이해할 수 있는 한국인이 몇 명이나 될까? 그런데 종묘나 종묘대제에 대한 설명은 어떤 것을 보든 다 이렇게 되어 있다. 한 마디로 구시대적이고 재미가 없다. 그런데 종묘와 종묘대제는 간단한 게 아니다. 앞에서 본 것처럼 종묘는 유네스코 세계문화유산이고 종묘대제는 세계무형문화유산, 즉 '인류구전 및 무형유산 걸작'으로 등재되어 있기 때문이다. 이렇게 하나의 장소에 세계유산이 2개가 있는 경우는 드물다. 참고로 이런 경우가 한국에 또 있다. 해인사가 그것이다. 해인사에 있는 고려대장경은 세계기록유산이고 그것을 보관하고 있는 창고인 장

종묘전경. 멀리 종묘의 주산과 조산이 중첩되어 보인다. ⓒ문화재청

경판전(혹은 장경각)은 세계문화유산이기 때문이다.

어떻든 종묘와 종묘대제는 대단하고 엄청난 문화유산이다. 한국인의 유산뿐만 아니라 세계인의 유산이 되었기 때문이다. 유네스코는 아무것이나 세계유산에 등재시키지 않는다. 최소 2년여의 기간 동안 엄격한 심사를 거쳐 등재 여부가 결정되기 때문에 여기에 선정되는 것은 결코 쉬운 일이 아니다. 그런 데에 올라간 것이니 종묘와 종묘대제는 더욱 대단한 것이다. 따라서 한국인들은 이런 엄청난 문화유산에 대해 알 필요가 있는데 방금 본 것 같이 이 유산에 대한 설명은 고루하고 재미없다. 당최 정보 전달이 되지 않는다.

이런 설명들이 재미없는 것은 유독 종묘만 그런 것은 아니다. 대부분의 유적이나 유물들의 설명을 보면 이렇게 재미없는 투로 되어 있다. 이것은 이전에 한문 세대들이 만들어놓은 것을 벗어나지 못한 탓이다. 노상 연대만 이야기하고 건물이면 '정면 몇 칸, 옆면 몇 칸' 등 재미없는 설명으로 일관하기 일쑤이다. 이렇게 재미없게 되어 있으니 정보가 제대로 전달되지 않는다. 정보도 전달되지 않지만 그 유물이나 연행이 대체 우리에게 어떤 의미가 있는 것인지에 대해서는 아예 막막하다. 그런데 이런 세계적인 유물에는 얼마든지 재미있는 이야깃거리가 있고 현대에 사는 우리에게 의미 있는 부분이 있다. 한국인들은 아직 이런 면에 약해 자신들이 갖고 있는 '콘텐츠'를 재미있고 유익하게 표현하지 못하고 있는 것이다.

II
우리는 왜 이 책을 쓰게 되었을까?

종묘와 종묘대제에 대한 설명이 재미없다고 했는데 마침 이것을 고쳐볼 만한 기회가 생겼다. 잘 알려진 것처럼 종묘대제는 1년에 한 번, 5월 첫 번째 일요일에 거행된다. 문화재청과 한국문화재재단이 주최하고 종묘대제 봉행위원회가 주관해서 하는데 이 기관에서 내게 이 종묘대제를 지내는 현장에서 아나운서가 읽을 대본(시나리오)을 만들어 달라고 부탁한 것이다. 대본이 필요했던 것은 우선 이 종묘대제의 순서가 전부 어려운 한자말로 되어 있어 알아듣기가 어려웠기 때문이었다. 물론 자막으로는 이것을 우리말로 풀어 설명해주지만 원래 어려운 한자어이기 때문에 이해하기가 쉽지 않다. 예를 들어 '집찬관지(執瓚灌地)'라고 진행자가 말하면 대형화면에는 '용찬의 울창주를 관지에 부으시오'라는 자막이 제공되지만 잘 보이지도 않을뿐더러 이 진행자가 말하는 '집관찬지'라는 한문 문장을 이해할 수 있는 한국인은 아마 거의 없을 것이다. 그래서 이런 어려운 한문 문장을 더 쉽게 설명해줄 필요가 있었던 것이다.

게다가 종묘대제는 의례이기 때문에 봉행하는 중간 중간에 꽤 많은 시간이 걸리는 순서들이 있다. 특히 맨 앞의 순서인 '취위(就位)'는 제례를 담당하는 수백 명의 사람이 각기 제 자리에 가는 순서라 시간이 오래 걸린다. 삼십여 분 이상이 걸려 관람하는 사람들에게는 아주 지루한 순서가 될 수 있다. 바로 이럴 때 아나운서의 적절한 설명이 필요했던 것이다. 종묘대제에 대한 포괄적인 설명뿐만 아니라 지금 진행하고 있는 절차가 무엇인지, 그리고 종묘 건축 자체 등 관람에 도움이 될 만한 설명들을 써 달라는 것이다. 종묘대제 당일 국내외 관람객들이 점점 많아지고 관심이 높아지고 있는 반면에 현장에서의 설명이 부족했기 때문에 중간 중간에 들어갈 확실하고도 친절한 대본이 필요했던 것이다.

그리고 주최 측에서는 나에게 내가 쓴 대본으로 당일 진행까지 맡아달라는 부탁도 해왔다. 지금(2012년)까지는 남녀 아나운서가 맡아 했는데 그 가운데 남성 아나운서 역할을 해달란 것이었다. 그냥 아나운서 역할이 아니라 전문가(?)로서 해설을 해달라고 했다. 재단 측에서는 아나운서보다는 나 같은 사람에게 맡기는 게 나을 것으로 생각한 모양이다. 전문적인 설명도 필요하지만 생중계인 제례를 진행하다 보면 예기치 않은 사건이 생기기 마련인데 이때 전문가가 아니면 유연하게 대처하지 못한다는 생각을 한 것 같다. 사회는 아나운서가 맡아도 문제가 없지만 그 옆에 전문가가 있어야 국제행사로서의 격이 갖춰지고 진

사회석 쪽에서 바라본 종묘대제(2013년)

행도 매끄러워질 것이라는 의견이었다. 나로서는 그 청을 거절할 이유가 없었다. 왜냐하면, 내가 쓴 대본을 가지고 국가적 대제이자 이 엄청난 세계적 유산을 현장에서 직접 진행하고 그것을 눈앞에서 목도할 기회가 생겼으니 말이다.

아무튼, 나는 종묘대제의 대본과 진행을 맡아달라는 제안을 매우 좋은 기회로 생각했다. 대본은 국악과 한국학을 전공한 제자 송혜나 박사와 같이 쓰기로 했다. 국악 전공자가 필요했던 것은 이 종묘대제에는 음악과 춤이 대단히 중요한 위치를 차지하고 있기 때문이다. 송 박사는 가야금을 전공하고 박사학위 논문은 한국 전통음악의 특질에 대해 쓴 데에다 무엇보다도 단행본을 낸 경험과 대본 형식의 대학 사이버 강좌를 개발한 경험이 있어서 이 대본을 쓰는 데 최고의 인재였다.

작업은 이렇게 진행되었다. 우리는 우선 서술형으로 원고를 썼는데, 나는 종묘 건축과 종묘제례가 어떤 내용으로 되어 있고 한국 및 세계유산으로서 어떤 의미가 있는지에 대해 썼고 송 박사는 제례음악에 대해 썼다. 이 과정에서 가장 고심한 것은 '어떻게 하면 쉽게 설명해 주고 이것을 현대와 연결시켜 줄 수 있을까'이었다. 원고를 다 쓰고 나서는 종묘대제 주최 측으로부터 받은 전년도 종묘대제 DVD와 대본을 분석하는 작업에 들어갔다. 전년도 대본에는 종묘대제를 총괄하는 집례자의 제례 순서를 이르는 멘트(한자로 되어있음)가 주를 이루고 있었을 뿐 관람객의 이해를 돕기 위한 아나운서의 설명은 사실상 거의 없었다. 그래서 우리는 제례가 진행되는 중간중간 어느 곳에 설명이 들어갈 수 있는지 혹은 들어가야 하는지부터 일일이 파악하고 기록해야만 했다. 집례자의 멘트와 멘트 사이에 비는 시간이 얼마나 되는지를 정확하게 재서 기록했고 거기에 어떤 설명을 넣는 게 적절한지를 메모해 두었다.

꽤 오랜 시간이 걸렸던 이 작업을 마친 후 우리는 최종 대본 작성 작업에 들어갔다. 이 작업은 예상했던 것보다 훨씬 더 까다롭고 복잡했다. 완성해 놓은 서술형 원고를 여러 조각으로 나누고 그것을 전년도에 대본에서 표시해 놓은 곳 중간 중간에 끼워 넣었다. 이때 서술형 원고를 대화형의 대본 형식, 그러니까 방송 대본 식으로 바꾸는 작업도 진행했다. 나와 여성 아나운서가 자연스럽게 대화하는 형식으로 만들었는데 대화 형식의 원고로 바꾸고 두 사람의 역할에 맞게끔 안배하는 작업도 쉬운 작업은 아니었지만 무엇보다도 많은 신경을 쓴 부분은 시간을 체크하는 일이었다. 왜냐하면, 종묘대제를 총괄하는 집례자의 멘트가 나의 설명이나 아나운서 멘트와 겹치면 안 되기 때문이다. 집례자의 멘트와 멘트 사이의 비는 시간을 꼼꼼하게 체크해 두긴 했지만 집례자와 진행석 간의 멘트가 충돌되지 않게 하려면 우리쪽 멘트의 소요시간을 재가면서 목이 쉴 정도로 대본을 수도 없이 읽고 또 읽어야만 했다. 이 대본 작업은 송 박사가 전적으로 맡아 했다. 이런 복잡하고 세심한 과정을 거쳐 드디어 2013년 종묘대제 현장에서 사용할 완벽한 대본이 탄생했다.

그런데 실제로 4년(2013년부터 2016년까지)을 진행하다보니 주최

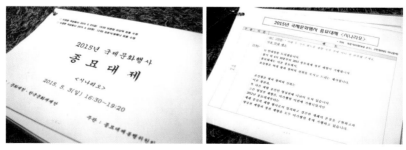

종묘대제 대본 표지와 첫 장(2015년)

종묘대제 사회석의 필자와 아나운서(2013-2015)

측에서 나에게 대본과 현장 진행을 모두 부탁한 것이 다행이라는 생각이 들었다. 종묘대제가 워낙 규모가 큰 국제행사이다 보니 아나운서와 내가 있는 진행석에까지 신경을 써 줄 전담 인력이 없었다. 감독이 있기는 했지만 사실상 진행석의 지휘와 임기응변은 전적으로 원고 작업을 한 나와 송 박사의 몫이었던 것이다. 게다가 매년 반복되는 같은 의례인데도 현장 상황이 꼭 예상한 대로 진행되는 것만은 아니었다. 기본적으로 생중계인 데다가 비가 와서 일부 순서에 변동이 생기거나 집례자와 사인이 안 맞는 등의 상황들이 발생했기 때문이다. 송 박사는 진행석 옆에서 종묘대제 최종 대본뿐만이 아니라 마치 방송 쪽대본과 같이 따로 준비해 놓은 여분의 설명 인쇄물을 들고 한 줄 한 줄 대본 진행 상황을 체크하고 있었는데 이런 돌발 상황이 발생할 때마다 나와 같이 즉석에서 대본을 가감해 가며 예기치 않은 상황들에 문제없이 대처할 수 있었다.

종묘대제의 모든 것에 대해 자세히 써보니 뜻밖에 재미있는 점이 많았다. 특히 우리가 여염집에서 하는 제사의 원형을 보는 것 같아 아주 흥미로웠다. 한국 하면 전 세계에서 제사를 가장 많이 지내는 나라로 유명하다. 우리는 제사를 그저 일상처럼 지내니까 그 희소가치성을 잘 모르지만 사실 전 세계적으로 보면 이렇게 제사 지내는 것을 좋아하는 나라는 없다. 특히 명절이 되면 모두 고향으로 향하는데 그것은 제사를 지내기 위함이 아닌가? 그렇게 제사를 지내면서 사는데 이 제사의 원형이 바로 종묘대제에 있었던 것이다. 그러니까 민간 제사는 모두 종묘대제를 모방해 지내고 있었던 것이다. 물론 종묘대제가 일반 제사보다는 조금 복잡하게 되어 있지만 그 기본 구조는 다를 바가 없었다. 그렇게 제사의 원형을 직접 대해보니 느낌이 새삼스러웠다.

앞서 밝혔듯이 나는 2013년 종묘대제 때 처음으로 진행을 했는데 실제의 현장에서 보는 대제는 역시 명불허전(名不虛傳)이었다. 수백 명이나 되는 사람이 그런 넓은 광장에서 장엄하게 의례를 지내는 모습은 실로 장관이었다. 제일 좋았던 것은 뭐니 뭐니 해도 음악이었다. 그야말로 풀(full) 오케스트라가 동원되어 종묘제례악을 연주하는데 몸에서 전율이 오는 것을 감당할 수가 없었다. 사실 제사 지내는 절차는 지루할 수 있고 신실(神室)은 멀리 있기 때문에 잘 보이지도 않는다. 그러나 이 음악은 이렇게 제 장소에서 제대로 듣는 것은 흔한 일이 아니다. 그것도 약식이 아니라 국립국악원 단원들이 총출동해서 연주하니 그 모습이 장관이었던 것이다. 팔일무라 이르는 춤 역시 참으로 멋있는 춤인데 이는 안타깝게도 사회석과는 상당히 떨어져 있어 모니터로만 감상할 수 있었다. 그렇게 멀리서만 보아도 팔일무 역시 대단한 문화유산이라는 것을 알 수 있었다.

좌우간 이렇게 3년을 진행을 해보니 제법 종묘대제에 대해서 견식이 넓어지는 것을 알 수 있었다. 그리고 더 나아가서 이 중요한 우리의 유산을 대중들에게 알려야겠다는 생각이 들었다. 뿐만 아니라 나와 제자인 송혜나 박사가 어렵게 만든 이 대본을 썩히면 아깝다는 생각이 들었다. 그래서 책을 내기로 한 것이다. 우리는 종묘대제의 진행 대본을 만들면서 이것을 이렇게 쓸 수 있는 사람은 우리밖에 없을 것이라고 하면서 서로를 격려했는데 이 말이 완전히 틀린 말은 아닐 것이다. 우리가 가장 역점을 둔 것은 앞서도 언급했지만, 이 어려운 제례 절차를 쉽게 설명을 해줄 수 있는 것에 대한 것이었다. 그리고 그것이 우리 현대 한국인들에게 어떤 의미가 있는가에 대해서 설명해주는 것이었다. 예를 들어 제사에서 가장 중요한 것은 술을 올리는 것인데 이 술이라

종묘제례의 원경

는 게 제례에서 과연 어떤 의미를 가지는가에 대한 설명을 해주는 게 그런 것이었다.

  그리고 이 엄청난 의례를 어떻게 책으로 대중들에게 알릴 수 있을까를 생각했는데 제일 먼저 드는 생각은 이 의례를 현장에서 체험하는 것처럼 생생하게 전달해보자는 것이었다. 이것은 내가 현장에서 4년간을 진행해보았기 때문에 가능한 것이었다. 나는 현장에서 느꼈던 그 감동을 살아있게 전달하고 싶었다. 그래서 4년간 다듬어 놓은 종묘대제 대본 형식을 유지하면서 현장의 진행 상황을 가능한 한 생생하게 전달하고 각 순서의 의미에 대해서 전달하기로 마음먹었다. 동시에 현장에서와 마찬가지로 중간중간 종묘나 종묘대제에 대한 설명을 해 주면 좋겠다는 생각이 들었다. 그래서 이번에 책을 통해 종묘대제의 전모를 실제 종묘대제에서 사용한 대본 형식으로 전달하기로 했다. 이제 이런 생각과 함께 본론 후반부에서 종묘대제의 모습이 소개될 것이다.

그런데 종묘대제의 생생한 모습을 전하기 전에 독자들의 이해를 더 증진시키기 위해 전반부에서 종묘 건축과 종묘대제에 대한 설명부터 하고자 한다. 이렇게 하는 이유는 아무런 배경 지식이 없이 종묘대제로 바로 들어가면 아무래도 이해하기 힘들기 때문이다. 그런데 이 내용들은 다소 딱딱하고 어려울 수 있다. 그러나 걱정하지 않아도 된다. 앞서 언급했듯이 후반부에 나오는 종묘대제 대본 형식에 이 내용들이 다 들어가 있기 때문이다. 실제 전반부에 나오는 설명들은 대부분 종묘대제 당일 날 내가 여성 아나운서와 발언하는 내용들이다. 이런 방식으로 책을 쓴 것은 종묘대제에 대해 궁금해하는 독자들의 이해를 보다 효율적으로 돕기 위해서이다. 전반부 설명에는 대본에는 미처 다 넣지 못한 내용들이 있는가하면, 후반부에 실은 대본에는 전반부에는 없는 집례자의 창홀은 물론 종묘대제의 모든 절차를 글로써 생생하게 경험할 수 있다. 따라서 독자들에게는 전반부의 설명과 후반부의 대본이 모두 도움이 될 것으로 생각된다. 그럼 지금부터 설명을 통해 종묘와 종묘대제에 대해 잠깐 공부해보자.

본론 I

– 종묘와 종묘대제의 모든 것에 대하여

1. 종묘와 종묘대제는 왜 중요한 것인가?

조선의 왕은 살아 있을 때에는 궁궐에서 일하고 생활한다. 그러나 죽게 되면 육체인 '백'은 '능'으로 가고 '혼'은 이곳 '종묘'에 모셔져 제사를 받게 된다. 종묘는 역대 왕의 신위를 모시고 제사를 지내는 곳으로 유교적인 조선 왕조에서는 궁궐과 버금가게 중요한 곳이다. 그래서 한양에 도읍지를 정한 태조 이성계는 정궁인 경복궁보다 종묘의 건축을 먼저 시작했고 경복궁보다 더 일찍 완공하게 된다(1394.12~1395.9). 종묘를 더 빨리 지을 수 있었던 것은 종묘의 정전(신위를 모신 건물)이 지금처럼 장대한 건물이 아니라 7칸 정도 되는 비교적 작은 건물이었기 때문에 가능했던 것이다. 게다가 이때에는 아직 영녕전(신위를 모신 또 다른 건물)을 짓기 이전이라 더더욱 빨리 지을 수 있었을 것이다.

우리는 사극에서 대신들이 왕과 함께 국무회의를 할 때 '전하! 종묘 사직이(혹은 종사가) 위태롭사옵니다'와 같은 대사를 하는 것을 들을

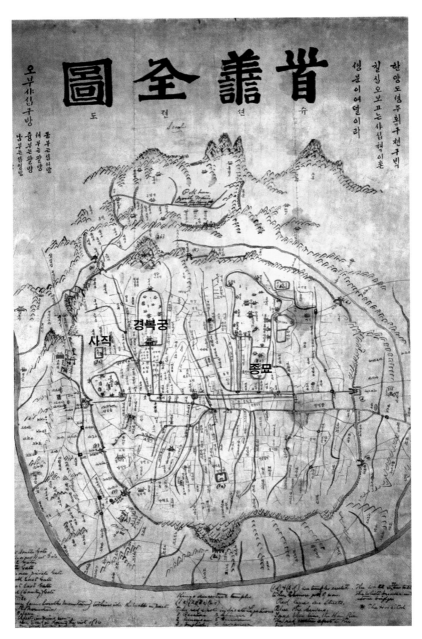

수선전도를 통해 보는 사직, 궁궐(경복궁), 종묘의 위치
김정호가 1824~1834년에 그린 '수선전도'를 펜으로 필사한 지도
(1892년경 제작. 연대 박물관 소장) ©문화재청

수 있다. 이것은 나라가 위험에 빠질 때 종종 나오는 표현으로 여기서 나오는 종묘와 사직은 왕권을 상징하는 두 가지를 말한다. 종묘와 사직이 왕권을 상징한다고 보는 것은 고대 중국에서 비롯된 제도이다. 중국에서는 궁궐을 세우면 그 왼쪽에는 종묘(혹은 태묘)를 세웠고 오른쪽에는 사직단을 세웠다. 조금 전에 언급한 것처럼 종묘가 왕들을 제사 지내는 곳이라면 사직, 정확히 말해서 사직단은 땅과 곡식의 신에게 제사를 지내는 곳이다.

이 두 제사는 어떻게 해서 왕권을 상징할 수 있는 것일까? 역대 왕(그리고 왕비)들에게 제사 지내는 것은 가부장제인 유교 국가에서는 당연한 일이다. 이 제사가 왜 중요한가는 뒤에서 더 자세하게 설명할 것이다. 이에 비해 땅과 곡식의 신에 대해 제사 지내는 것은 다른 의미에서 중요한 것이다. 유교에 따르면 인간은 어버이에게서 생명을 얻지만, 그 생명을 유지하기 위해서는 곡물을 취해야 한다. 한민족은 특히 밥을 중시했는데 이 밥, 혹은 쌀은 모두 땅에서 나오는 것이다. 따라서 이 곡물과 땅이야말로 우리의 목숨 부지에 없어서는 안 되는 것임을 알 수 있다. 이러한 고마운 마음과 숭경의 뜻을 담아 지내는 게 사직단에서 지내는 제사이다.

이 두 제사는 음양으로 볼 때에 서로 보완하는 성질을 갖고 있다. 역대 왕에 대한 제사는 남자에게 드리는 제사이니 당연히 양의 원리를 대표한다. 반면 사직은 땅에 대한 것이니 음의 원리를 대표한다. 조선이나 중국 왕조에서 행해지던 일 가운데 종묘대제나 사직대제보다 음양원리를 더 잘 대표하는 것은 없다. 이 두 제사가 가장 대표적인 것이다. 왕은 이런 두 제사를 같이할 수 있는 유일한 사람이다. 뿐만 아니라 음양의 힘을 조화롭게 만들어 나라가 평안하게 갈 수 있게 하는 것도 오직 왕만이 할 수 있는 일이다. 이것은 그가 왕조의 최고 권력자라는 것을 의미한다. 이 두 제사를 통해 왕은 명실공히 자신이 이 나라의 최고의 통치자라는 것을 확인시켜 주는 것이다.

사직단 ⓒ문화재청

사직대제 ⓒ문화재청

2. 종묘 건축에 대해

1) 종묘 둘러보기

이처럼 과거 왕조에서 종묘대제가 차지하는 비중은 엄청난 것이었다. 그래서 종묘제례는 종묘제례악과 함께 유네스코가 보호하는 세계무형유산에 등재되어 있다(2001년). 그런데 종묘대제와 함께 꼭 보아야 할 것은 종묘라는 건축이다. 이 건축물들, 즉 종묘 전체는 역시 유네스코에 세계문화유산으로 등재되어 있다(1995년).

태조 이성계는 이 종묘 건축을 매우 중요하게 생각했다. 그것은 그가 수도를 한양으로 옮기고 나서 한양에 있는 왕실 건물 가운데 이 종묘를 가장 먼저 건설한 것을 통해서 알 수 있다. 태조는 1394년 12월에 종묘를 짓기 시작해 다음 해인 1395년 9월에 완공을 본다. 임진왜란 때에는 잘 알려진 것처럼 한양에 있던 모든 궁궐이 전소된다. 종묘 건물들도 예외가 아니었다. 전쟁 뒤 조선 조정은 궁을 복원하려 했는데 이때에도 가장 먼저 복원된 것은 경복궁 같은 궁의 건물이 아니라 이 종묘였다. 이를 통해 우리는 조선조가 얼마나 종묘를 중시했는지 알 수 있다.

종묘가 유네스코가 지정하는 세계문화유산이 될 수 있었던 것은 우선 이 건축물들이 동북아시아의 보편적 세계관이었던 유교의 국가적 의례를 담을 수 있게 설계되었다는 점 때문이다. 종묘의 건물은 물론 매우 독특하지만, 그 건물에서 지내는 유교적 의례는 중국에서 유래했음에도 불구하고 현재 한국만이 원형을 유지하고 있다는 점에서 전 세계적으로 주목을 받는다. 종묘의 건물들은 이처럼 유교적 의례를 담을 수 있다는 점에서 큰 인정을 받은 것이지만 그 자체로도 세계적으로 높은 평을 받을 수 있는 수준의 것이다. 그러면 종묘의 주요 공간들을 둘러보자.

  우선 종묘는 크게 보면 두 공간으로 구성되어 있다. 종묘에서 가장 중요한 공간은 제사 드리는 공간이다. 여기에는 정전, 영녕전, 공신당, 칠사당 영역이 포함된다. 이 가운데 가장 중요한 것은 정전 영역이고 우리의 설명은 이 영역에서 일어나는 일을 중심으로 진행될 것이다. 영녕전은 정전의 재실이 부족해서 나중에 지은 건물로서 정전의 부속된 사당이라고 할 수 있으니 정전이 설명되면 자연히 이해될 것이다.

  다음으로 공신당과 칠사당은 정전 영역 안에 있는 두 개의 작은 사당인데 정전과 영녕전에 비해 중요성이 덜해 원래는 정전 밖에 있었다. 그러나 안팎으로 제를 올리는 것이 번거롭다고 생각한 나머지 정전 영역 안으로 끌어들였다고 알려져 있다. 공신당은 정전에 모셔져 있는 왕들을 보필하면서 국정운영에 공로가 큰 신하들을 모신 사당이다. 여기에는 현재 이황이나 이이, 한명회 같은 기라성 같은 신하의 신위가 83개 모셔져 있다. 이에 비해 칠사당은 토속신을 모시는 작은 사당이다. 이 두 사당은 중요도가 떨어지는 관계로 정전 영역에서 가장 바깥쪽이면서 월대 아래인 바닥에 건축되어 있다.

정전 정문 좌우에 위치한 공신당(좌)과 칠사당(우)

종묘에서 제사를 지내려면 제사를 준비하는 공간도 필요하다. 이 영역에는 지금은 주로 어숙실로 불리는 재궁(齋宮)과 향대청, 악공청, 전사청이 있다. 어숙실은 임금이 제사를 준비하기 하기 위해 옷을 갈아입거나 목욕을 하는 곳이었다. 향대청은 왕이 친히 내린 향, 축문, 폐백 등 제사예물을 보관하던 곳이었고 악공청은 제례악을 연주할 악사들이 대기하고 있던 장소였다. 마지막으로 전사청은 제사에 올릴 음

정전 기둥 사이로 멀리 보이는 공신당

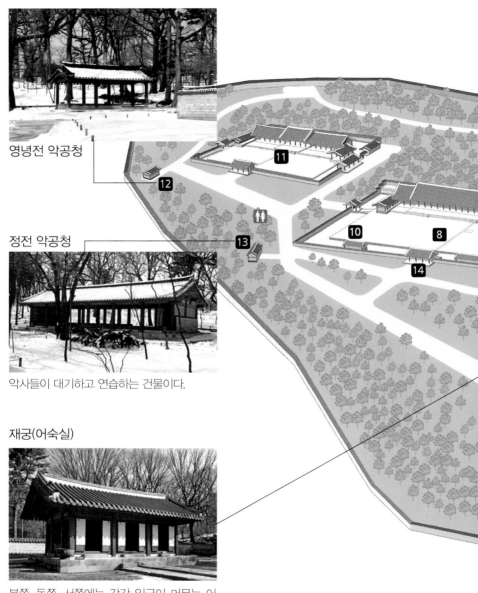

영녕전 악공청

정전 악공청

악사들이 대기하고 연습하는 건물이다.

재궁(어숙실)

북쪽, 동쪽, 서쪽에는 각각 임금이 머무는 어재실, 세자가 머물던 세자재실, 왕이 목욕하는 어목욕청이 있다. 사진은 어재실.

전사청

제수의 진찬 준비를 하던 곳으로, 뜰을 가운데 두고 'ㅁ'자형으로 건물이 배치되어 있다. 사진은 입구

향대청

향, 축, 폐 등의 예물을 보관하고 헌관들이 대기하던 곳으로 동서 양쪽으로 건물이 배치되어 있다.

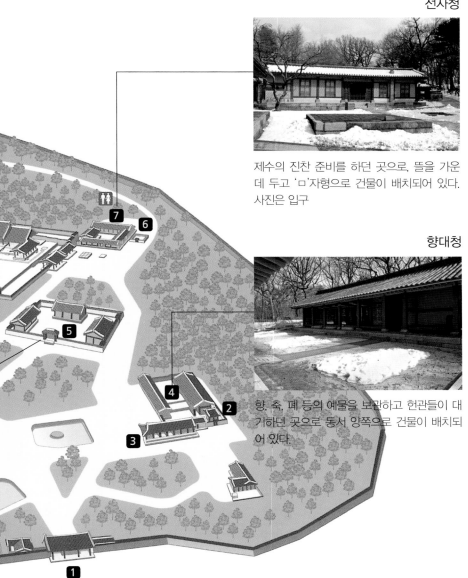

1. 외대문(정문) 2. 공민왕 신당 3. 망묘루 4. 향대청 5. 재궁
6. 제정 7. 전사청 8. 정전 9. 공신당 10. 칠사당 11. 영녕전
12. 영녕전 악공청 13. 정전 악공청 14. 정전 남신문

식, 즉 제수를 준비하는 곳이다. 이 책에서는 정전의 제사를 중심으로 진행되기 때문에 이 같은 제사 준비 공간에 이루어지는 일에 대해서는 더 이상 언급하지 않을 것이다.

그런데 이 종묘에는 건물만 있는 것이 아니다. 건물과 건물 사이에는 선왕의 혼령뿐만 아니라 왕이나 세자처럼 제사를 지내는 사람이 다닐 수 있는 길이 있다. 삼도(三道)라고도 불리는 이 길을 보면 사진에 나와 있는 것처럼 3부분으로 나누어져 있다. 그런데 가운데 부분이 조금 높게 되어 있는 것을 목격할 수 있는데 이 길이 바로 선왕들의 혼이 다니는 길이다(신향로). 선왕의 혼이 제일 높은 존재이니 이렇게 조금 높여 놓은 것이다. 그리고 그 오른쪽은 왕이 가는 길(어로)이고 왼쪽 길은 왕세자가 다녔다고 한다(세자로). 그런데 이 길을 보면 너무 투박하게 만들어져 있는 것을 알 수 있다. 제사 공간에 이렇게 투박한 돌을 까는 것은 이웃 나라인 중국이나 일본에서는 발견할 수 없는 것이다. 흡사 아무 생각 없이 아무렇게나 깔아놓은 것만 같다.

종묘의 삼도

그런데 조선 사람(특히 엘리트)들은 그렇게 무계획적으로 일을 처리하는 사람들이 아니다. 그들은 지금의 우리와는 달라 어느 하나도 대충 하는 적이 없었다. 이 어도를 이렇게 마구 만든 것처럼 투박하게 깐 데에는 그들 나름대로 고도의 계산이 있다. 이 길은 제례를 보다 엄숙하게 지

종묘의 삼도

낼 수 있게 매우 주도면밀하게 디자인된 것이다. 이 길에 깔려 있는 매우 거친 돌들은 제사 지내는 동안에 거친 길을 천천히 가면서 마음을 여미고 삼가라고 조언하는 건축적 장치인 것이다. 왕과 왕세자를 비롯한 제관들은 발밑을 보면서 조상들을 숭앙하는 마음을 가질 것이며 자기를 낮추는 겸양의 마음을 취할 것이다. 발밑이 거치니 발밑을 보고 걸을 수밖에 없다. 그러니 머리를 자연스럽게 숙여야 하고 그렇게 자세를 잡으면 겸손의 마음이 자동적으로 생기게 될 것이다.

종묘를 설계한 사람은 이것도 모자란다고 생각했는지 또 다른 장치를 넣은 곳도 있다. 영녕전으로 향해 있는 길을 보면 어느 한 군데가 유독 돌출되어 있는 것을 알 수 있다. 이곳에서는 아예 잠깐 쉬면서 다시 마음을 여미라는 것이다. 지금으로 치면 찻길에 있는 과속방지턱 같은 것이다. 조선 사람들이 조상을 생각하는 마음이 이렇게 절실했다. 우리는 종묘의 정신을 바로 이런 돌에서도 생생하게 느낄 수 있다.

이 길도 길이지만 이보다 더 많은 주목을 받는 것은 아무래도 정전이나 영녕전이다. 이 건물들은 한국의 고건축 가운데에서도 그 중요성을 인정받아 정전은 국보 227호에, 그리고 영녕전은 보물 821호로 지정되어 있다. 이 둘 중에도 정전은 가히 압권이다. 단청으로 있는 대로 멋을 부리고 화려의 극치에 다다른 궁궐의 정전과는 달리 종묘의 정전은 장대하지만 화려한 단청으로 채색하지 않아 엄숙하고 신성하다. 이에 대한 자세한 설명은 정전을 집중적으로 다룰 때 보기로 하는데 장식이나 기교를 가능한 한 절제했기 때문에 경복궁의 근정전 같은 궁궐의 정전과는 완전히 다른 분위기를 만들어낸다. 이것은 이 건물이 사당인 관계로 의도적으로 단조롭고 엄숙하게 보이려고 해서 만들어진 모습일 것이다.

영녕전 동문으로 가는 길의 과속방지 턱(?). 제관들의 마음가짐을 다시금 여미게 하는 건축 장치

2) 종묘 건물의 핵심, 정전과 영녕전이 현재의 모습이 되기까지

사람들은 종묘의 대표 건물인 정전이 처음부터 지금처럼 장엄하고 거대하게 건설되었을 것으로 생각하기 쉬운데 그것은 진실이 아니다. 현재 정전은 19칸으로 되어 있는데 이것으로는 이 건물의 규모를 가늠하기 힘들지 모른다. 총 길이는 무려 약 100m에 달한다고 알려져 있는데 옆으로의 길이만으로 볼 때 정전은 동북아시아의 전통 목조 건축물 가운데 두 번째로 긴 건물이라고 한다. 여담이지만 동북아 지역에서 가장 긴 목조 건물은 일본의 교토에 있는 33간당이라 불리는 절 법당이다(1165년 준공). 유네스코 세계문화유산으로 등재되어 있는 이 건물은 길이가 118m나 되는데 그 안에는 관음상이 1천 개나 있다. 나도 가서 보았는데 건물은 굉장히 길었다. 하지만 중간에 툭 튀어나온 부

일본 교토에 있는 33간당(총 길이 118m)

분이 있는 데에다 정면에서 전체를 바라볼 수 있는 넓은 월대가 없어서 종묘 정전에 비해 장엄한 느낌이 덜했던 것으로 기억된다.

어떻든 우리 종묘 정전은 이 건물 때문에 동북아에서 두 번째로 긴 목조 건물이 되었다. 그런데 정전이 이렇게 19칸이라는 장엄한 모습을 보인 것은 그리 오래된 일이 아니다. 영녕전은 16칸인데 정전과 영녕전의 이런 규모는 1836(헌종 2)년에 와서야 가능했던 일이다. 그러면 신위를 모신 두 개의 건물인 정전과 영녕전을 중심으로 종묘의 건축 과정을 살펴보자.

종묘 건축이 처음으로 완공된 것은 1395년의 일로 경복궁보다도 더 일찍 준공되었다. 이때에는 영녕전은 아직 건축되지 않은 상태였다. 그럴 수밖에 없는 것이 영녕전 건축은 세종 때 시행되었기 때문이다. 정전과 영녕전이 최초에 건설된 과정은 이랬다. 우선 당시 제도에 따

정전(국보 제227호) ⓒ문화재청

영녕전(보물 제821호) ⓒ문화재청

르면 종묘는 조종(祖宗)을 봉안하여 효성과 공경을 높이는 것이요, 궁궐은 국가의 존엄성을 보이고 정령(政令)을 내는 것이며, 성곽은 안팎을 엄하게 하고 나라를 굳게 지키려는 것으로써 이 세 가지는 나라를 가진 사람이 제일 먼저 해야 하는 일이었다. 그런데 조선은 스스로 중국의 제후국임을 자처하지 않았는가? 경복궁보다 조금 더 일찍 완공시킨 종묘의 모습을 보면, 종묘는 1395(태조 4)년 9월, '천자는 칠묘(七廟)를 세우고 제후는 오묘(五廟)를 세운다'는 중국 법도에 따라 5칸의 신실을 갖춘 규모로 완공된다. 즉위 3년 만에 종묘가 건설된 것이다. 조선 초 종묘는 대묘(大廟)라 하여 이렇게 정전 한 채만 있었다. 그 모습을 구체적으로 보면 대실(大室) 7칸에 좌우에 익랑(翼廊)이 각각 2칸씩 있는 구조였다. 대실 7칸은 칸막이 없이 한 공간으로 트여있는 동당이실(同堂異室), 즉 당은 같게 하고 실은 따로 하는 형태로 지어졌는데 그 안에 조상 신위를 모실 신실은 5칸이었다. 중국의 제후 5묘제 원칙을 따른 것이다. 5묘제는 왕조를 일으킨 태조와 현재 왕의 4대 조상을 모시는 제도이다.

태조는 종묘(정전)가 완공되자 그곳에 개경에 모셨던 자신의 4대 선조(고조, 증조, 조, 부)를 옮겨 모셨다. 이후 신실 부족 사태는 그리 오래지 않은 세종 대에 이르러 발생했다. 세종 즉위년 당시 선대왕인 정종, 태종은 모두 살아있었다. 그런데 1419(세종 1)년, 정종이 승하하자 그 신위를 모실 신실이 없었다. 5칸의 신실은 이미 태조와 태조의 4대조의 신위로 꽉 차 있었기 때문이다. 세종은 이 문제를 어떻게 해결했을까? 논쟁 끝에 중국 송나라 때 별묘(別廟)를 지어 추존왕들을 봉안했다는 예를 참고하여 별묘를 신축하기로 하고 정전에 모신 추존왕인 태조의 4대조를 옮겨 모시기로 했다. 별묘의 위치는 정전과 가까운 서쪽

터로 정하고 칭호는 조종과 자손이 함께 편안하기를 기원하는 뜻에서 영녕전(永寧殿)이라 했다. 이렇게 하여 마침내 1421(세종 3)년 새로운 사당인 영녕전이 완공되기에 이른 것이다.

영녕전은 6칸짜리 건물로 지어졌다. 정전보다는 규모가 작고 친근하게 지어졌는데, 구체적으로는 가운데에 4칸을 세우고 좌우에 협실을 각각 1칸씩 둔 구조이다. 특히 가운데 4칸은 지붕이 높게 솟아있고 이 4칸과 좌우 협실 사이는 벽을 두어 구분되어 있었다. 세종은 바로 이 가운데 4칸에 정전에 있던 4위의 신위, 즉 태조의 4대 조상인 목조, 익조, 도조, 환조의 신위를 옮겨 모심으로써 종묘, 즉 정전의 신실 부족 문제를 해결하게 된다.

이처럼 세종 때 영녕전이 새로 생기면서 공간의 부족함이 해소되었다. 그러나 그 이후로도 조선왕조는 20여 명의 왕을 더 낸 데에다 왕은 아니었으나 왕으로 추존하여 모신 신위도 있었으니 정전이나 영녕전은 계속해서 방을 늘려나갈 수밖에 없었다. 옆으로 신실을 늘려가는 방식으로 증축을 했는데 더 이상 새 건물을 세우지 않고 원래 건물을 계속해서 증축해 나간 것이다. 이것을 건축학에서는 "동당이실제(同堂異室制)", 즉 같은 당 안에 방을 달리해서 만드는 제도라고 한다. 이러한 체제를 택하면서 종묘의 건축들은 계속해서 길어질 수 있는 가능성이 생겼다.

어떻든 16세기 중반인 명종 대가 되자 다시 정전과 영녕전이 왕들의 신위로 모두 채워져 다시 한 번 한계에 다다르게 된다. 이에 조선 정부는 정전의 증축을 결정했는데 정전이 옆으로 뻗어 나가기 시작한 것은 이때가 처음이다. 일단 정전은 최초 7칸이었던 것이 1546(명종 1)년에 4칸이 좌우로 나뉘어 증축되어 총 11칸이 된다. 이와 함께 몇 가지

원칙도 정해진다. 예를 들어 '현재 왕으로부터 5대 이상이 되면 원칙에 따라 그의 신위를 정전에서 영녕전으로 옮긴다. 그러나 태종이나 세종처럼 공덕이 뛰어난 왕의 위패는 불천위(不遷位)로 지정해 정전에서 옮기지 않는다. 아울러 덕종(德宗)이나 장조(莊祖)처럼 세자였지만 왕이 되지 못하고 세상을 떠난 선조들도 추존해 왕으로 봉안한다. 서쪽부터 대수대로 차례로 모신다' 등등의 그것이다. 이렇게 해서 정전과 영녕전의 신위 배분 법칙이 완성되어 조선말까지 이르게 되었다.

이렇게 정전을 증축하고 봉안의 원칙도 세웠건만 1592년 임진왜란 때 일본군이 쳐들어와 그해 종묘는 다른 궁궐들과 함께 전소된다. 전쟁이 끝난 뒤 광해군은 1608(광해군 원)년 종묘 복구를 마치는데 여기서 중요한 것은 임진왜란 때 전소된 궁궐 건물들 가운데 종묘가 가장 먼저 복구됐다는 사실이다. 종묘가 처음으로 건설될 때에도 다른 어떤 궁궐들보다 먼저 건축되었듯이 복구할 때에도 제일 먼저 수립된 것이다. 이것은 조선조에 있어 종묘가 얼마나 중요한 위치를 차지하고 있는지 알려주는 것이라 하겠다.

정전의 경우 복구된 것은 이전대로 11칸 건물이었다. 이에 비해 6칸이었던 영녕전은 이참에 아예 신실을 늘려서 복구했다. 이전처럼 중심에 4위의 신실을 만들고 좌우에 익실을 붙였는데 원래는 각각 1칸씩 두었던 익실을 3칸씩으로 만들어 모두 10칸의 신실을 갖춘 건물로 복구했다.

이렇게 복구된 이후에도 정전과 영녕전은 각각 두 번의 증축을 거쳐 현재의 장엄한 모습이 된다. 조선왕조가 지속되면서 모실 신위가 늘어나 방을 늘려갈 수밖에 없었기 때문이다. 그 과정을 순서대로 보면, 우선 현종 때인 1667(현종 8)년에 영녕전이 증축되는데 10칸에서 12칸

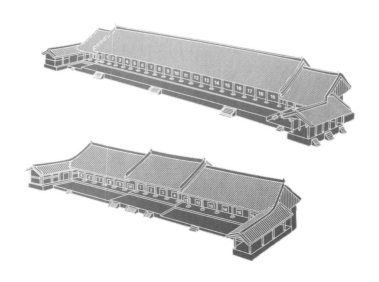

1836년 완성된 정전(위)과 영녕전(아래)의 현재 모습

의 건물이 된다. 좌우에 1칸씩을 붙여 증축한 것이다. 그다음으로는 영조 재위 시인 1726(영조 2)년에 정전이 증축된다. 동쪽으로 4칸이 증축되어 정전은 15칸의 건물이 된다. 그리고 마침내 헌종 때인 1836(헌종 2)년, 정전과 영녕전이 모두 증축되면서 두 건물은 완성을 보았다. 정전은 또 다시 동쪽으로 4칸이 증축되어 19칸이라는 거대한 건물이 되었고 영녕전 역시 4칸이 늘어나는데 좌우로 2칸씩 보태지면서 16칸이라는 역시 거대한 건물이 완성된 것이다.

이처럼 현 종묘의 주요 건물인 정전과 영녕전은 크게 볼 때 4번(광해군, 현종, 영조, 헌종)의 건설과 증축과정을 거쳐 현재의 모습을 갖게 된 것이다. 처음부터 이렇게 장엄한 건물이 아니었음을 상기해야 할 것이다.

참고로 현재 정전은 신실 19칸, 좌우 협실 각 3칸, 동서 월랑 각 5칸으로 구성되어 있다. 신실 19칸은 벽이 없이 하나의 공간으로 트여있는 구조로 되어있다. 여기에 왕 19위와 왕비 30위를 더해 모두 49위의 신주를 모시고 있다. 영녕전은 신실 16칸, 동서 월랑 각 5칸으로 구성되어 있는데 정전과 구분되는 특이점이 있다. 그것은 16칸의 신실 중 태조의 4대 조상을 모신 중앙의 4칸만이 정전과 같은 높이와 형태를 갖추고 있고 좌우의 신실 각 6칸은 협실(익실) 개념으로서 중앙의 4칸보다 지붕이 약간 낮게 만들어졌다는 사실이다. 내부 공간 역시 19실이 하나의 공간으로 이어진 정전과는 달리 16실이 크게 3칸으로 나뉘어져 있는 구조이다. 중앙의 4칸과 좌우 협실 사이가 벽으로 구분되어 있기 때문이다. 영녕전에는 왕 16위와 왕비 18위를 더해 모두 34위가 봉안되어 있다.

3) 정전과 영녕전 건물을 감상하는 방법

종묘 건축이 유네스코에 세계유산으로 등재될 수 있었던 데에는 명확한 이유가 있다. 그런데 그 정보에 대해 별 지식이 없이 주요 건물인 정전과 영녕전을 보면 그냥 장대하다라든가 길다는 느낌밖에는 받지 못한다. 특히 정전 건물을 보면 대부분의 사람들은 상당한 장엄함이나 위압감을 느끼는데, 왜 그런 느낌을 받는지에 대해서는 확실하게 대답하지 못한다. 그 이유에 대해 보통은 건물이 길기 때문이라고 하는 경우가 많다. 그렇다면 왜 우리는 같은 종묘 건물인 영녕전 건물을 볼 때에는 그런 느낌을 갖지 못할까? 언뜻 생각에 영녕전은 정전에 비해 그리 크게 보이지 않기 때문에 정전보다 많이 작은 건물로 생각하기 쉽다. 그러나 영녕전 역시 16칸이나 되는 건물이니 19칸이 되는 정전에

5층 이하의 건물들은 몇 층인지 한눈에 들어온다(광화문 주변).

5층 이상의 건물은 한눈에 몇 층인지 알기 어렵다(8층, 서울 미동아파트).

기념비적 척도에 가깝게 지은 정전(19칸)

인간적 척도에 가깝게 지은 영녕전(16칸)

비해 결코 작은 건물이 아니다. 이 정도의 크기라면 두 건물은 거의 같은 크기의 건물이라고 해도 무방할 정도이다. 그런데도 두 건물에 대한 느낌이 이렇게 다른 것은 무엇 때문일까?

이 차이를 이해하려면 약간의 건축학적인 지식이 필요하다. 건축학의 이론에 따르면 건물의 규모를 구분할 때 여러 방법이 있겠지만, 기념비적(monumental) 척도와 인간적(human) 척도로 양분해서 보는 것도 그 주요한 방법이 된다. 우선 인간적 척도를 보면, 인간적 척도란 인간이 감각적으로 느낄 수 있기에 적당한 규모를 말한다. 조금 더 부연해 설명해보면, 인간적 척도는 인간이 한 번에 보고 구분할 수 있는 규모를 말한다. 이것을 건물의 높이를 가지고 말해보자. 우리가 건물을 보았을 때 한 번에 몇 층인지 알 수 있는 층수는 몇 층일까? 그것은 대체로 5층 정도라고 한다. 그러니까 5층까지는 한 번에 그 층수를 알 수 있지만 그 이상은 세지 않고서는 알 수 없다는 것이다.

예를 들어, 3층과 5층 건물을 보면 두 건물의 층수의 차이를 금세 알 수 있지만 7층이나 8층 건물은 한 번에 그 차이를 알 수 없다. 따라서 인간적 척도로 건물을 짓는다면 6층 이상을 지어서는 안 된다고 할 수 있다. 그래서 그런지 1970년대에 많이 지었던 승강기가 없는 주공 아파트들은 전부 5층 이하로 건설되어 있던 것이 기억난다. 이렇게 낮은 층수의 아파트에 살면 정서적으로 훨씬 더 안정적으로 살 수 있다고 한다.

반면에 기념비적 척도를 활용한 건물들은 이와는 달리 인간의 감각을 넘어서게 건설한다. 따라서 전체 건물이 6층 내지는 6칸 이상이 되게 건설하는데 그냥 단순하게 이런 층수의 건물을 만드는 게 아니다. 이런 건물들을 만들 때에는 자주 이용되는 특징이 있다. 균일하게 반

반복되는 정전의 기둥

복하는 것이 그것이다. 아주 단순한 형태로 인간의 감각을 넘어서는 반복을 하면 그것을 바라보는 사람은 자기도 모르게 그 규모에 압도되게 된다. 게다가 이 반복이 상하가 아니라 좌우로 되어 있으면 인간은 그 건물에 더 압도되는데 그것은 좌우로 긴 건물은 흔하지 않기 때문일 것이다. 이런 조건을 갖춘 건물이 바로 종묘의 정전이니 정전을 잘 분석하면 건물들의 기념비적인 특징을 알 수 있을 것이다. 같은 규모의 건물이라도 어떤 척도를 사용하느냐에 따라 완전히 다르게 보일 수 있는데 정전과 영녕전의 건축 원리를 비교해보면 이 말이 무슨 말인지 알 수 있다.

이러한 생각을 종묘의 두 건물인 정전과 영녕전에 대입해보자. 앞에서 말한 대로 이 두 건물은 규모나 형식에서 그리 차이가 나지 않는다. 그런데 사진에서 보는 것처럼 외관적으로 보면 19칸으로 된 정전은 지붕이 모두 높고 균일하게 옆으로 뻗어 있다. 지붕이 하나의 직선으로 이어져 있는 것이다. 이렇게 되면 우리는 정전의 무한반복적인 척도에 압도되어 경건한 마음을 가질 수밖에 없게 된다. 영녕전에 비해 단지 3칸이 더 많을 뿐이지만 한눈에 그 규모가 어느 정도인지를 가늠할 수 없다. 심지어 그 칸 수를 세다가 잊어버릴 만큼 칸 수가 많게 느껴진다. 그래서 우리는 이 정전에서 경외감과 숭경감을 느낄 수 있는 것이다.

따라서 정전은 기념비적 척도에 가깝게 지은 건물임을 알 수 있다. 반면 16칸의 재실을 갖춘 영녕전은 중앙의 4칸이 좌우의 협실보다 약간 높게 솟아 있다. 지붕이 6-4-6칸으로 중간에 분절이 있는 것이다. 그래서 영녕전에서는 그다지 위압적인 느낌을 받지 못한다. 16칸이라는 큰 규모이지만 한눈에 몇 칸으로 구성되어 있는지를 쉽게 파악할 수 있기 때문이다. 정전이 기념비적 척도에 가깝게 지은 건물이고 영녕전은 인간적 척도에 가깝게 지은 건물이라는 것은 바로 이것을 말함이다.

정전이 기념비적 척도를 표현하기 위해 활용하고 있는 방법은 이것 외에도 또 있다. 건물이 동서로 길게 늘어져 있기 때문에 신실과 기둥들이 균일한 규모로 무한하게 연속을 반복하고 있다. 다시 연속이다. 그냥 건물만 연속되는 것보다 이처럼 방과 기둥이 연속되어 있으면 훨씬 더 강한 느낌을 받게 된다. 이 연속은 인간의 감각을 초월하기 때문에 사람들은 여기에서 무한에 대한 동경감을 갖게 된다.

특히 정전은 측면에서 보면 사진에서처럼 기둥이 끊임없이 반복되는 것을 볼 수 있는데 이러한 건축적 장치는 보는 사람으로 하여금 무한에 빠지게 만든다. 그러면 이 건물은 왜 무한을 지향하게 되었을까? 그것은 아마도 보는 사람으로 하여금 생명의 무한함을 이 건물에서 느낄 수 있도록 고안한 것일 것이다. 그러니까 오늘 이 건물 앞에서 제사를 지

육중한 벽돌로 연속된 정전의 뒷벽

중간 중간 기둥에 의해 분절되어 있는 영녕전 뒷벽

내는 나는 그 생명이 이 한 생에 그치는 것이 아니라 그 끝을 알 수 없는 과거, 즉 조상들에게서 이어진 것이라는 것을 절감할 수 있는 것이다. 따라서 이런 건물을 보면서 '나는 찰나적으로 사는 것이 아니라 무한한 생명을 갖고 있다'는 것을 알게 된다. 물론 정전 건물 앞에 펼쳐진 월대의 규모도 가히 압권이다. 가로가 109m, 세로가 69m나 된다.

그런데 이러한 건축적 장치는 이렇게 건물의 앞부분에만 있는 것이 아니다. 정전의 뒷벽에도 같은 개념이 보인다. 정전을 관람하러 온 사람들은 이 뒷벽까지 보는 일은 하지 않는다. 그러나 정전을 진정으로 이해하려면 이 뒷벽을 보아야 한다. 이 벽을 보면 사진에 나와 있는 것처럼 100m나 되는 길이를 연속해서 육중한 벽돌로 처리하고 있다. 그래서 이 벽을 보고 있으면 다시 한 번 그 무한한 연속성에 질리고 만다. 100m 가까이 되는 육중한 벽은 일상에서는 쉽게 발견할 수 없는 것이다. 그래서 우리는 이런 것에서도 비일상성, 더 나아가서는 초일상성을 느끼게 된다. 정전의 뒷벽 역시 기념비적인 규모라 하겠다.

게다가 정전은 옆면도 벽돌로 처리해서 건물의 중량감을 더 했을 뿐만 아니라 그 두께도 엄청나다. 이 역시 이 건물의 장엄함을 드러내기 위해 한 건축적 장치인데 옆면이 두꺼운 것은 나름대로 이유가 있다. 이 건물의 가장 깊은 곳은 신을 모시는 죽음의 장소라 할 수 있다. 반면 건물의 바깥은 살아 있는 사람이 사는 삶의 장소라 할 수 있다. 이 건물은 옆면을 두껍게 함으로써 삶과 죽음을 같이 표현하고 있는 것이다. 삶의 공간에서 중간의 사이 공간을 지나 마지막의 죽음의 공간까지 가는 것을 표현하려니 건물이 두꺼워질 수밖에 없었을 것이다.

어떻든 정전의 뒷벽은 영녕전의 뒷벽과 정확한 대조를 이룬다. 영녕전의 뒷벽은 사진에서 보는 것처럼 각 칸마다 기둥을 노출시켰다. 그래서 무한히 반복되고 있다는 느낌을 전혀 받지 못한다. 정전의 뒷벽이 무한히 연장되어 있다는 느낌을 받는다면 영녕전의 뒷벽은 기둥에 의해 분절되어 있어 그런 반복감을 느끼지 못한다. 영녕전은 건물의 앞부분도 3부분으로 분절해 놓아 압도되는 느낌을 받지 못했는데 뒷부분은 아예 1칸씩 분절해놓아 더더욱이 그런 느낌을 받지 못한다. 영녕전의 뒷벽은 인간적인 규모라 하겠다.

이처럼 우리는 다른 척도로 건설된 이 두 건물에서 초일상성과 인간성을 느낄 수 있다. 기념비적 척도로 지은 정전에서는 일상을 떠난 침묵의 소리를 들을 수 있고 시간이 정지되어 초월적인 영역으로 가는 느낌을 받을 수 있다. 반면 인간적인 척도로 지은 영녕전에서는 인간적인 따스함과 친근감을 맛볼 수 있다. 종묘 건축이 유네스코에 세계문화유산으로 등재될 수 있었던 것은 이런 건축배경과 원리가 인정받았기 때문이었을 것이다.

만일 우리가 이런 건축적 원리를 제대로 이해하지 못하고 종묘에 간다면 많은 것을 놓치게 된다. 종묘의 건물들은 그 외모는 아주 단순명료하게 건설되었지만 그 안에 있는 건축 원리는 다른 어떤 건물들보다 심오하기 짝이 없다. 이 건물들은 사당이기 때문에 겉으로 보이는 것보다는 내재되어 있는 원리를 강조한 탓에 이런 유의 건물이 나왔을 것으로 생각된다.

3. 종묘대제에 대해

1) 종묘대제의 중요성

종묘가 아무리 세계유산으로 지정되어 있다 하더라도 종묘제례가 없는 종묘는 상상하기 힘들다. 종묘가 세계적인 문화유산이 될 수 있었던 것은 살아 있는 제례가 현재에도 봉행되고 있기 때문이다. 이 제례는 물론 중국에서 비롯된 것이지만 중국에서는 일찌감치 없어지고 현재는 유일하게 한국에서만 행해지고 있다고 했다. 중국은 언제부터 이런 왕실 제례를 행했는지 확실하지 않지만 지난 100여 년 동안 계속되는 외침과 내란으로 인해 중국의 전통 중 많은 것이 자취를 감추어버리고 말았다. 특히 20세기 중반에 있었던 공산주의 혁명이나 문화혁명으로 인해 중국에는 전통문화적인 요소가 사라져버렸는데 이 와중에 중국에서 지내던 태묘 제례도 사라져버렸을 것으로 추정된다.

조선의 종묘제례는 중국 것을 모방하여 시행되었으니 이 제례는 조선이 건국한 뒤 시행된 것이 된다. 그래서 그 역사를 보면 짧게 잡으면 약 600여 년이 되지만 길게 잡으면 이 의례가 중국에서 수천 년 전부터 행해지던 고대의례였으니 수천 년이 된다고도 할 수 있다. 물론 중국의 원래 것과는 다소 변형된 점이 있겠지만 이런 유서 깊은 왕실의 의례가 한국에만 남아 있는 것이다. 일본은 중국이나 한국처럼 유교 국가가 아니었기 때문에 이런 식의 국가 제례는 애당초 없었다. 이 제례가 한국에만 남아 있는 관계로 그 원형을 찾으려는 중국이나 대만의 정부 관계 인사들이 종묘에서 거행되는 제례를 모두 촬영해갔다는 후문도 들린다.

종묘제례는 왕이 직접 참여하는 것으로 조선조에서 갖는 중요성은 말로 다 할 수 없다. 조선조는 유교적 가부장제를 사회체제로 하는 사회이다. 이 사회에서는 가부장이 가장 큰 권력을 갖게 되는데 그 많은 가부장 중 가장 으뜸 되는 가부장은 바로 왕이다. 왕은 모든 백성의 어버이이기 때문이다. 왕은 국부이니 당연히 가장 강한 권력을 갖게 되지만 그의 뒤에는 막강한 역대 왕들이 있다. 따라서 왕은 자신의 지위를 더 높게 하기 위해서 조상들의 권위를 입어야 한다. 그렇게 하기 위해서 가장 필수적인 것이 바로 이 종묘제례이다. 이 제례를 총괄할 수 있는 유일한 사람이 왕이라는 사실은 그가 이 나라에서 가장 권위 있는 사람이라는 것을 보여준다.

　이것은 집안 제사에서도 마찬가지였다. 각 집안에서 조상 제사를 총괄 지휘하는 종손은 제사를 통해 조상들로부터 막강한 권위를 부여받는다. 그의 힘은 지상에서 만들어진 것이 아니라 생명의 근원인 조상들로부터 오는 것이기 때문에 그 권위에 대해서는 문중에서 어느 누구도 시비를 걸 수 없다. 조선 시대에 제사가 중요시되었던 것은 이런 이유에서였다. 어느 집안이고 가장 권위가 있는 인물을 꼽으라면 제사권(權)을 거머쥔 사람이라고 보면 되는데 이런 사람을 종손으로 임명하는 것이다. 이 제사권을 누가 갖느냐에 따라 그 집안에서 행사할 수 있는 권력의 향배(向背)가 갈리는 것이다. 이와 마찬가지로 왕은 나라의 종손이 되어 가장 막강한 권력을 가질 수 있게 된다. 이렇게 본다면 종묘제례는 왕권의 신성함과 정통성을 확립하고 지켜주는 의례라 할 수 있다.

2) 종묘대제는 언제 어떻게 봉행해 왔나?

종묘 의례는 이렇게 중요한 국가 의례였기 때문에 국왕이 직접 참여할 뿐만 아니라 수백 명에 달하는 엄청난 규모의 인원이 동원되었다. 아울러 많은 양의 제수(음식)와 수천 개에 달하는 제기가 동원되는 등 국가의 대제(大祭), 즉 큰 제사였다. 조선조에는 사직대제나 문묘대제와 같은 국가 대제가 몇몇 있었지만, 종묘대제는 이런 대제와 비교해 볼 때 규모나 빈도 면에서 가장 큰 제례라 할 수 있다. 이것을 통해 종묘 제례가 당시 조선 사회에서 갖고 있는 위상을 알 수 있을 것이다.

이렇게 중요하게 취급된 제사였기에 종묘 제사는 꽤 자주 봉행되었다. 일단 종묘 제사는 정기적인 것과 임시적인 것 둘로 나눌 수 있다. 정시 제사로는 춘하추동의 첫 달인 1, 4, 7, 10월 상순과 납일(섣달 말일)에 정전에서 대제를 올리고 영녕전에서는 1, 7월에만 정전과 같이 대제를 지냈다. 이렇게 말로는 제사를 너덧 번씩 지냈다고 하지만 지내는 사람은 얼마나 고달팠을까 하는 생각을 지울 수가 없다. 3~4개월에 한 번씩 제사를 지내는 꼴인데 집안 제사처럼 작은 제사도 이렇게 자주 하면 귀찮고 힘들 터인데 모실 신위도 많고 수백 명이 참가하는 제사를 이렇게 자주 한다는 것은 참으로 힘든 일이 아닐 수 없었을 것이다.

특히 왕은 제주로서 각 방에 일일이 술을 따라 올려야 하니 그냥 참가하는 사람과는 힘든 정도가 달랐을 것이다. 게다가 이 제사는 신을 섬기는 의식이니 밤에 지냈다. 그래서 어떤 때는 밤을 새워 제사를 지냈다고 한다. 그런 날은 왕이 얼마나 힘들었을까? 그러나 아무리 힘들어도 왕의 체면에 내색을 할 수 없었을 것이다. 자기 조상을 제사 드리는 것이니 힘들다고 푸념할 수는 없는 일이다. 그러나 왕도 사람이니 이 종묘대제가 버거웠을 것이다. 그래서 그랬는지 종묘대제가 있는 날이 다가오면 왕이 앓아눕는 경우가 있었다는 후문이 전해진다. 만일 그것이 사실이라면 그것은 충분히 이해가 된다. 그것이 꾀병일 수도 있겠지만 왕의 육체적인 고뇌가 충분히 느껴진다.

종묘대제를 설명하는 사람들의 이야기를 들어보면 앞에서 본 것처럼 대제를 그저 1년에 4~5번 지냈다고만 하지 이에 대해 더 이상 의문을 제기하지 않는다. 그런데 가만히 생각해보면 이게 과연 원칙대로 지켜졌을까 하는 의문이 자연스럽게 생기는 것을 막을 길이 없다. 왜냐하면, 다른 계절에는 문제가 없겠지만 겨울에 실외에서 어떻게 제사를 지냈느냐는 것이다. 제사 날짜를 보면 1월과 섣달이 포함되는데 이때는 완전히 겨울이다. 양력으로 하면 각각 2월과 1월에 해당하니 한겨울인 것이다. 겨울에는 실외에서 하는 모든 것이 심하게 제약을 받기 마련이다. 그런데 설상가상으로 이 제사는 밤에 지낸다. 그렇다면 한겨울에, 밤에, 그리고 외부에서 제사를 지내는 일이 과연 가능한 일일까 하는 자연스러운 의문이 생긴다. 이것은 원천적으로 불가능한 일일 터인데 과연 이것에 대해 조선 정부가 어떻게 대처했는지 궁금하다. 대제를 설명할 때에는 이런 실질적인 이야기가 포함되어야 이 제사가 사람이 하는 일처럼 보일 터인데 그런 데에 대한 설명은 찾을 길이 없다.

게다가 정시 제사만 있는 게 아니다. 앞에서 설명한 것처럼 심심하면 임시 제사를 올릴 일이 생긴다. 임시제에 대한 일반 설명을 보면 역시 천편일률적이다. 임시제는 대략 4종류로 나뉘는데 그 각각을 보면, 종묘에서 빌거나 고할 일이 있을 때 하는 기고제(祈告祭)가 그 첫 번째이고 햇과일이나 햇곡식이 나올 때 종묘에 바치던 천신제(薦新祭)가 있고 또 세자나 세자빈 혹은 왕비가 종묘에 가서 인사를 올리는 알묘의(謁廟

儀)가 있으며 마지막으로 나라에 길흉사가 있을 때 고하던 고유제(告由祭) 등이 있다. 이렇게 보면 조선 왕실의 1년은 제사만 드리다 마는 것 같은 느낌을 받는다. 왕실 제사가 종묘대제 말고도 사직대제 등 수없이 있으니 그런 생각이 드는 것이다.

어떻든 종묘대제는 이런 식으로 제사를 죽 지내오다가 대한제국기인 1909년에는 납일에 제사 드리는 것을 폐지했다고 한다. 그 이유는 잘 모르겠지만 앞에서 본 여러 가지 이유가 포함되지 않았을까 하는 생각이 든다. 그러다 일제기에는 일제가 억지로 만들어 조선 황실의 일을 관장하게 한 이왕직의 주관으로 조선조와 같은 대제 형식이 아니라 간신히 향만 피워 올리는 식으로 심하게 축소된다. 아주 없어진 것은 아니고 명맥만 이어진 것이다. 그런데 그나마 제사 시늉이라도 내던 것이 해방 후에는 제사 자체가 전쟁과 같은 여러 사정으로 오랫동안 중지되었다. 그러다 1969년부터는 전주 이씨 대동종약원(사단법인)에서 자체적으로 지내기 시작했는데 복식이나 제기 혹은 제찬(祭饌) 등을 제대로 갖추지 못하고 약식으로만 지냈다고 한다. 예산 부족이었을 것으로 생각된다.

그러다가 1975년에 종묘대제의 중요성을 알게 된 정부가 이 제례를 중요무형문화재 제56호로 지정하면서 본격적인 지원을 하게 되었다. 그 이후에는 정부의 재정적인 도움으로 보다 더 원형에 가깝게 매년 한 차례, 5월 첫째 일요일에 대제를 거행하고 있다. 물론 종묘제례악은 이보다 훨씬 이른 시기인 1964년에 중요무형문화재로 등록이 되는데 그저 등록되었다는 것이 중요한 것이 아니라 1호로 지정되었다는 것을 주목해야 한다. 그만큼 전통 가무 중에서 그 중요성을 가장 먼저 인정받은 것이다.

이런 민관의 끊임없는 노력에 힘입어 종묘대제와 종묘제례악은 2001년에 유네스코의 "인류구전 및 무형유산걸작"에 선정되는데 한국의 무형유산 가운데에는 첫 번째로 등재되는 영광을 얻게 된다. 현재 이 종묘대제는 국가적 행사를 넘어서 국제적인 행사로 발돋움하고 있는데 그 표제에 "국제문화행사 유네스코 인류무형유산 종묘대제"(주최: 문화재청, 한국문화재재단, 주관: 종묘대제봉행위원회)라고 하는 것을 보면 현재 이 종묘대제가 갖고 있는 위상을 알 수 있을 것이다.

3) 종묘대제는 누가 지냈나?

종묘대제는 제사를 누가 지내느냐에 따라 친제(親祭)와 섭행제(攝行祭)로 나눌 수 있다. 친제는 왕이 직접 제를 올리는 것이고 섭행제는 왕이 사정상 제를 올리지 못할 경우 다른 사람이 대신하는 것을 말한다. 앞에서 잠시 언급했던 것처럼 왕이 아프면 다른 사람이 제를 올려야 했을 것이다. 그런데 정전에서

황사손이 절을 하고 있는 모습(정전 제향)

하는 제사는 주로 친제로 진행된 반면 영녕전 제사는 섭행제로 진행되었다고 한다.

친제와 섭행제는 제사를 주관하는 사람이 다르니 술을 올리는 헌관이 다를 수밖에 없다. 친제의 경우 왕이 초헌관 역할을 하면 세자가 아헌관 역할을, 영의정이 종헌관 역할을 맡는다. 반면 섭행제의 경우에

는 정1품관이 초헌관을, 정2품관이 아헌관을, 종2품관이 종헌관을 맡아 진행했다고 한다. 그러나 현대에 와서는 이렇게 할 수 없는 일이라 지금은 전주 이씨 문중과 왕비를 배출한 29성씨의 문중들이 각기 맡은 역할을 하고 있다. 초헌관은 황사손을 비롯해 전주 이씨 문중의 어른들이 맡아 하고 있고 종헌도 역시 전주 이씨 문중에서 맡고 있는데 재미있는 것은 아헌관이다. 현재 아헌관은 왕비족인 29성씨에서 돌아가면서 맡고 있으니 말이다. 다시 말해 왕비를 배출한 29개 가문의 대표들이 나와 두 번째로 술을 올리는 것이다. 지난 조선조 같으면 이런 일은 상상도 할 수 없는 일이다. 우리네 일반 가정 제사에서 엄마의 가문에서 누가 대표로 와서 술잔을 올린다는 것은 상상할 수 없는 일 아닌가?

그런데 이러한 발상은 그냥 나온 것이 아니라 과거에 있던 예를 본뜬 것 아닌가 하는 생각이 든다. 제례의 고전이라 할 수 있는 『주자가례』를 보면 문중 제사의 경우 아헌은 원래 그 집안의 종부(宗婦), 즉 종손의 아내가 하는 것으로 되어 있다. 그만큼 종부의 위상이 높았던 것인데 이 순서는 조선에서는 잘 지켜지지 않았던 것 같다. 그런데 현대의 종묘대제에서 느닷없이 왕비를 배출한 문중의 대표들이 아헌관을 맡게 되니 과거의 전례를 따른 것 아닌가 하는 생각이 든다.

4) 누가 어디에 어떻게 모셔져 있나?

다음 질문은 누구를 대상으로 제사를 드리는가에 대한 것이다. 다시 말해 정전과 영녕전에는 누가 모셔져 있느냐는 것이다. 이 문제는 앞에서 이미 부분적으로 논의해왔다. 잘 알려져 있는 대로 우선 정전에는 총 19실에 왕 19명과 왕비 30명의 신위가 모셔져있다(모두 49위).

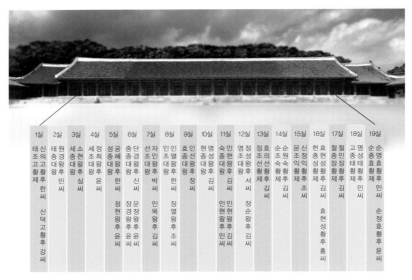

정전의 신위봉안도

그리고 영녕전에는 총 16실에 왕 16명(황태자 1인 포함)과 왕비 18명 (황태자비 1인 포함)의 신위가 모셔져 있다(모두 34위). 왕의 수에 비해 왕비의 숫자가 많은 것은 어떤 왕은 2명 이상의 왕비를 취했기 때문이다. 그리고 황태자와 그의 비가 들어간 것은 의민황태자, 즉 영친왕과 그의 부인(이방자)이 모셔진 것을 말한다.

우선 정전에 모셔져 있는 왕의 명단을 보면, "태조(1대) 태종(3대), 세종(4대), 세조(7대), 성종(9대), 중종(11대), 선조(14대), 인조(16대), 효종(17대), 현종(18대), 숙종(19대), 영조(21대), 정조(22대), 순조(23대), 문조(추존), 헌종(24대), 철종(25대), 고종(26대), 순종(27대)"과 각 왕의 비를 합쳐 모두 49개의 신위가 19개의 감실에 모셔져 있다. 정전에 모셔져 있는 왕들은 앞서 언급했듯이 봉안의 원칙에 따라 원래는 5대가 지나면 영녕전으로 옮겨 가게 되어 있는데 공덕이 뛰어나다고 여겨지면 불천위로 올려 정전에 그냥 모셔둔다. 그러니까 정전에 모셔 있는 왕들은 공덕이 뛰어난 왕이라 할 수 있다.

그런데 여기서 문제되는 것은 문조 이하 다섯 명의 왕이다. 문조 (익종)는 효명세자로 순조의 아들이자 헌종의 아버지였다. 그는 왕이 되지 못하고 죽었기 때문에 헌종이 왕이 된 다음에 문조로 추존해 1837(헌종 3)년 정전에 모신 것이다. 이렇게 추존된 왕은 5대가 되면 모두 영녕전으로 옮기는데 5대가 안 된 상태에서 나라가 망했기 때문에 그대로 정전에 있게 된 것이다. 그 이후의 왕, 그러니까 헌종, 철종, 고종, 순종도 마찬가지이다. 그들은 생전의 공덕과는 상관없이 5대가 되지 않았기 때문에 그냥 정전에 모셔져 있는 것이다.

영녕전에는 16실의 감실에 왕 16분과 왕비 18분 이렇게 총 34명의 신위가 모셔져 있다. 그 명단을 보면, 태조의 4대 조상인 목조, 익조, 도조, 환조가 이 순서로 가운데 4칸에 모셔져 있고, 이를 중심으로 서쪽 협실에는 정종(2대), 문종(5대), 단종(6대), 덕종(추존), 예종(8대), 인종(12대)이, 그리고 동쪽 협실에는 명종(13대), 원종(추존), 경종(20대), 진종(추존), 장조(추존), 영왕이 각자의 왕비와 함께 모셔져 있다. 여기에는 한때 폐위되었다가 숙종 때 복위된 단종의 신위는 모셔져 있지만 폐위되었다가 복위되지 못한 연산군과 광해군의 신위는 모시지 않았다.

영녕전에 모셔진 왕들의 면모를 보면 대부분 단명했거나 추존된 사람들임을 알 수 있다. 여기에 모셔진 사람 가운데 실제로 왕이 된 사람들은 명종을 제외하고 대부분 재위 기간이 1~2년에 불과한 사람들이다. 뿐만 아니라 이들을 이은 다음 왕은 그의 아들이 아니고 동생이었던 까닭에 불천위로 지정되지 못했던 것으로 추측된다. 따라서 이

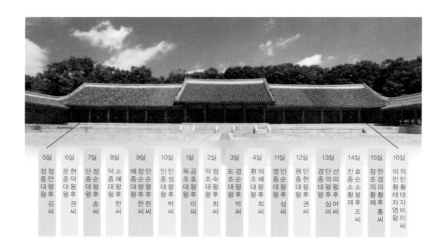

영녕전의 신위 봉안도

들은 정전에 있다가 5대가 넘으면서 곧 영녕전으로 옮겨진 것으로 생각된다.

그다음으로 볼 것은 공신당에 모셔진 신위이다. 공신당은 태조 4(1395)년 9월 종묘와 함께 건설되었다. 이때는 정전 바깥에 있었는데 태종 10(1410)년에 번거롭다 하여 지금처럼 정전 담장 안 동쪽 월대 아래로 옮겼다. 왕과 같은 수준으로 있을 수 없기 때문에 월대 밑으로 자리 잡은 것이다. 창건 당시에는 5칸짜리 건물에 불과했는데 조선조 500여 년 동안 왕의 수가 늘어남에 따라 공신들 역시 많이 나왔기 때문에 지금과 같이 16칸의 매우 긴 건물이 되었다. 공신당에 모신 공신들은 각 왕대에 왕을 보필하여 국가통치에 혁혁한 공을 세운 사람들로 구성되어 있다.

현재 여기에 모셔져 있는 배향 공신은 83명이 된다. 그 면모를 보면 이황, 이이, 송시열, 한명회, 신숙주 등 모두 역사책에 나오는 기라성

종묘대제 날 공신당에 제수를 차려 놓은 모습(2014년)

같은 인물들임을 알 수 있다. 그러나 이 공신 제정도 당파에 의해 좌지우지되는 경우가 있었다. 예를 들어 정조대의 명재상이었던 채제공은 정조 사후 남인이었다는 것 때문에 그가 세운 많은 공에도 불구하고 공신당에 배향되지 못했다. 이것은 당시 실세가 노론이었기 때문이다. 정약용도 순조 대에 이름을 날린 신하였지만 남인이었다는 것 때문에 채제공과 같은 신세가 된다.

5) 제관에 대하여

종묘제례는 국가가 거행하는 가장 큰 제사라 의례 절차가 매우 복잡하다. 이런 복잡한 의례에 다양한 제관들이 참석해야 하기 때문에 제관들의 수가 매우 많고 그 역할에 따라 부르는 명칭이 다르다. 그런데 이 제관들을 부르는 명칭은 아주 오래된 한자어이고 지금은 잘 쓰지 않아 생소한 명칭이 많다. 그러나 소개하지 않을 수는 없어 간단하게 소개하고자 한다.

우선 정전과 영녕전에는 각각 제사의 진행을 돕는 집례나 찬의, 예의사 등의 제관들이 기본적으로 참여한다. 아울러 각 신실에는 제사를 주관하는 제관들이 배당되는데 여기에는 초헌관, 아헌관, 종헌관, 대축관, 내봉관, 외봉관, 집준관 등 8명이 배속된다. 이런 제관들의 수를 모두 계산해보면 정전에 180명, 영녕전에 138명, 공신당에 2명 등 무려 320명이나 된다.

– 제관의 종류와 역할

그러면 이 제관들이 각각 어떤 역할을 맡는지 알아보자. 이 제관들은 아주 많고 다양해 다 파악하기가 힘들다. 아울러 이 제관들의 이름이 생소하기 때문에 종묘대제를 이해하려 할 때 장

제관들 모습(술 등이 차려진 준소에서) ⓒ문화재청

애가 되기도 한다. 종묘대제를 관람할 때 집례의 창홀에 자주 호명되는 제관들, 즉 예의사나 찬의, 헌관 같은 명칭들을 위주로 기억하면 될 것 같다.

종묘대제에 참여하는 제관과 각 역할

제관 명칭	역 할
집 례	제례 진행하는 순서(=홀기)를 읊는 창홀을 담당하는 제관
초헌관	첫 번째 술을 올리는 제관으로 왕이나 정일품의 관리가 맡았으나 현재는 생존해 있는 마지막 황사손이나 전주이씨 종친 중에서 선정함
아헌관	두 번째 술을 올리는 제관으로 왕세자나 정이품의 관리가 맡았으나 현재는 왕비를 배출한 29개 성씨의 문중에서 추천을 받아 선정함
종헌관	세 번째 술을 올리는 제관으로 영의정이나 종이품의 관리가 맡았으나 지금은 전주 이씨 종친 중에서 선정해서 맡음
예의사	제례가 진행되는 동안 왕을 인도하는 역할을 맡은 제관
찬 의	집사와 헌관의 인도 및 배례를 진행시키는 제관
찬 례	초헌관을 인도하는 제관으로 예조판서가 맡았음
천조관	조(익힌 고기를 담은 그릇)를 올릴 상을 담당하고 음복례 때 참여하는 제관으로 호조판서나 3품 당상관이 맡았음
봉조관	조(익힌 고기를 담은 그릇)를 받들어 천조관에게 건네는 제관
대축관	신주를 내고들이며, 축문을 읽고, 음복할 때 술을 붓고 거두며, 축문과 폐백을 거두어 망료위에서 불사르는 임무를 맡는 제관
우전관	제상 오른쪽에서 술잔을 올리는 제관
내봉관	외봉관의 술잔을 건네받아 신실 안에서 헌관에게 술잔을 전하는 제관
외봉관	준상에서 내봉관에게 술잔을 건네주는 제관
집준관	잔을 올릴 때 술통에서 술을 떠내어 작에 따르는 제관
협률랑	휘(깃발)를 들어서 제악과 일무를 지휘하는 제관

– 제관들은 어떤 옷을 입을까?

이 부분에 관한 설명도 매우 어려운 한자들이 많이 나와 생소하기 짝이 없다. 그리고 이 단어들은 옷의 특정 부분을 지칭하기 때문에 더 풀어쓸 수도 없다. 이 부분은 특히 전문적인 분야라 전문가들이 이미 작성한 것을 그대로 옮길 수밖에 없는 한계가 있다. 그러나 소개하지 않을 수 없어 간단하게 옮겨본다.

종묘제례는 국가의 중심적인 큰 제사였기 때문에 제관들도 그에 맞게 최상의 격식을 갖춘 제복을 차려입었다. 이 제복들은 관리들이 조정에 가서 하례할 때 입는 옷인 조복(朝服)과 거의 같은데 품계에 따라 각기 달리해서 입었다. 조복은 화려한 적색을 썼던 반면 제복은 청색을 사용하였다. 그밖에 대(帶, 허리띠)나 손에 드는 홀(笏), 그리고 제복의 좌우에 늘이어 차는 패옥(佩玉), 버선, 신 등은 조복과 같은 것을 사용했다. 종묘대제를 관람하러 가면 손에 홀을 들고 이런 옷을 입은 제관들을 볼 수 있을 것이다.

참고로 홀은 제관들로 하여금 제례가 진행되는 동안 몸가짐을 바르게 하고 앞만 바라보도록 하던 장치였다. 모든 제관은 반드시 홀을 잡아야 한다. 제관들의 품계에 따라 상아나 나무로 만든 것으로 구분되는데 왕이 드는 홀은 따로 '규(圭)'라 이르고 황제의 것은 백옥으로, 왕의 것은 청옥으로 만들었다. 그 모양은 위는 둥글고 아래는 네모나게 생겼고 손잡이 부분은 황색비단으로 싸여있다. 홀을 잡을 때에는 오른손으로 잡고 왼손으로 감싸 배꼽에 가볍게 대고 45도 각도를 유지해야 한다. 제관들은 제례가 진행되는 내내 집례의 창홀에 따라 홀을 잡고 있거나 제복 왼쪽에 있는 홀주머니에 꽂기를 반복한다. 예를 들어 '제집사진홀(諸執事搢笏)'이라는 창홀이 나오면 제관들은 잡고 있던 홀을 일제히 왼쪽 가슴에 있는 홀주머니에 꽂은 후에 이어지는 창홀에 따른 봉무를 행하고, '집홀(執笏)'이라는 창홀이 나오면 다시 홀을 꺼내어 잡는 것이다.

종묘대제에서 가장 중요한 역할을 하는 초헌관은 왕이 맡는다. 그래서 황제국의 경우, 황제는 그 위용을 상징하는 면류관과 면복을 착용하고 손에는 백옥으로 된 규, 즉 홀을 든다.

현 종묘대제에서는 황사손이 황제의 제복을 갖추고 있는 모습을 볼 수 있다. 우선 면류관은 모자 위에 직사각형의 판이 얹혀 있는 모양으로 되어있는데, 관 위에는 금잠(관을 상투에 고정하는 금비녀)을 꽂아 고정시키고 판 앞뒤에는 각각 12줄로 된 황·적·청·백·흑·홍·녹색 등의 7색 옥구슬을 늘어뜨렸다.

면복은 왕이 조상의 묘를 찾거나 제례를 지낼 때나 국가의 가장 큰 행사 때 입는 관복으로 쉽게 말하면 왕의 최고 예복을 말한다. 면복은 상의와 상(裳, 치마)·중단(中單)·폐슬(蔽膝)·혁대(革帶)·대대(大帶)·패옥·수(繡)·말(襪, 버선)·석(舃, 신발) 등으로 구성되어 있다. 이 가운데 상의는 비단으로 만드는데 겉은 검푸르면서도 약간의 붉은 빛이 돌며 안쪽은 남색이다. 문양은 제왕의 권위를 상징하는 것으로 수를 놓았다. 예를 들어

12장복(황제의 최고 예복)

한중 제례복 비교(왼쪽: 조선, 오른쪽: 명)

양 어깨에는 각각 해와 달이 수놓아 있는데 그 안에 각각 삼족오(三足烏)와 토끼(혹은 거북이)가 들어있다. 그리고 등에는 별과 산이, 양쪽 소매에는 용과 화충(꿩과의 새)이 장식되어 있다. 여기서 해와 별과 달은 하늘을 뜻하고 산은 땅을 뜻하며 용과 화충은 비와 구름을 나타낸다고 한다. 중단은 안쪽에 입는 흰색 비단의 옷이고, 폐슬은 꿇어앉을 때 무릎을 가리기 위해 대는 천으로서 붉은 색 비단에 여러 문양이 수놓아 있다. 패옥은 혁대의 좌우에 늘여 차는 기다란 모양의 옥이다. 또한 목에는 동그란 모양과 사각의 모양이 들어 있는 흰색의 방심곡령(方心曲領)을 둘렀다.

그런데 조선의 왕은 제후국으로 자처한 까닭에 9장면복을 입고 9줄의 면류관을 썼으나 대한제국이 되어 황제로 격상한 다음에는 중국의

황제와 같이 12장복을 입고 12
줄의 면류관을 썼다. 여기서 말
하는 12장이란 전 문단에서 보
았던 것처럼 왕의 상의에 새겨
져 있는 일월성신 등 12개의 문
양을 말한다. 이 역시 종묘대제
날 황사손의 복식을 통해 볼 수
있을 것이다. 더욱 자세한 설명
은 번거로워 피하는데 더 상세
한 내용을 구하고자 하는 사람
은 문화재청에서 만든 종묘제례
홈페이지에 가서 보면 된다.

제관의 금관조복과 양관

　한편 문무백관과 종친들로 구
성된 제관은 길례의 대례복에 해당하는 금관조복을 입었다. 비단으로
만든 금관(錦冠)은 금량관 혹은 양관(梁冠)이라고도 불리는데 문무관
들이 조복(朝服)을 입을 때 쓰던 관을 말한다. 앞이마 위에 있는 줄(양,
梁)만 검은빛이고 그 외에 다른 줄은 모두 금빛이다. 이 관은 관의 앞면
상단에 새겨진 황금색 세로줄의 숫자, 즉 양(梁)에 따라 품계를 달리한
다. 조선 시대에는 1품은 5량, 2품은 4량, 3품은 3량, 4-6품은 2량, 7
품 이하는 1량관을 썼고, 대한제국시대에는 줄 수를 늘려서 1품은 7량,
2품은 6량, 3품은 5량, 참상(參上)은 4량, 5품은 3량, 6품과 7품은 2량,
8품 이하는 1량의 관을 썼다고 한다. 여기서 량은 줄을 말하니 예를 들
어 5량이면 줄이 5개가 있는 것을 말한다.
　제복은 면복과 마찬가지로 구성되며 패옥의 경우 1품-3품까지는 청옥(靑玉)을 찼고, 4품 이하는 백옥(白玉)을 찼으며, 대(帶) 또한 품계에 따라 코뿔소의 뿔이라는 서각(犀角)이나 은을 새긴 삽은(鈒銀) 등 다양한 재료를 사용하여 만들었다. 홀은 1-3품까지는 상아(象牙)로, 4품 이하는 나무로 만들어 사용했다.

6) 제기(그릇)와 제수(음식)

종묘제례는 조선 시대의 모든 제례 가운데 가장 격식이 높은 의례이기 때문에 절차는 물론 제기나 진설되는 제수에 이르기까지 최고의 정성과 격식을 지니고 있다.

– 제기

제기는 음양오행과 천지인의 원리를 적용하여 계절이나 용도에 따라 각기 다른 모양으로 제작되어 조화롭게 사용되었다고 한다. 특히 양기(陽器)에는 양에 속하는 제수인 생물이나 마른 음식, 붉은 색의 음식을 담아올리고, 음기(陰器)에는 음에 속하는 제수인 죽은 것, 젖은 음식, 흰 종류의 음식을 담아 올렸다.

각 실에 필요한 제기는 다음과 같다. 제상은 제수를 놓는 제상과 술을 담아놓는 그릇인 준(罇)을 놓는 준상으로 구분되는데 여기에는 놋쇠 그릇 66개, 대나무 그릇 13개, 나무그릇 14개, 도자기 2개 등이 놓인다. 이렇게 매우 복잡한 제기들이 많이 동원되는데 이것을 다 말할 필요는 없고 그냥 각 신실에 들어가는 그릇 숫자가 114개가 된다는 것만 밝히자. 그런데 정전과 영녕전에는 총 35실이 있으니 제례 시에는 제기가 모두 4,400여 점이 필요한 것이 된다. 여기에 공신당에서 사용

각 신실에 필요한 제기(전시실 모형)

되는 5종류 590여 개를 합하면 종묘 제례 전체에는 모두 29종류에 약 5,000여 개의 제기가 사용되는 셈이다. 실로 엄청난 수의 제기가 동원 되는 것이다. 그런데 이러한 제기의 설치가 너무 복잡해 현재는 정전 과 영녕전 1실에만 원형 그대로 진설하고 나머지 33실에서는 간소화 하여 진설하고 있다고 한다.

이렇게 많은 제기를 보면 그 형태가 옛날 중국에서 사용하던 제기의 모습을 닮았다고 한다. 하지만 원형과 얼마나 같고 다른지는 제대로 파악할 수 없다. 이들 제기는 목재와 대나무, 자기, 놋쇠로 만들었는데 조선 후기에 들어 나라 경제가 어려워지자 대부분은 유기로 바꾸었다.

주요한 제기의 종류 및 용도를 소개하면 다음과 같다.

동물의 내장 등을
삶아서 담는 천조갑

물기 있는 제수를 담는
(목)두

생과실과 물기 없는
마른 제수를 담는 죽변

종묘제례 때 사용되는 제기의 종류

제기 종류	용 도
변(籩) 혹은 죽변(竹籩)	대나무를 엮어 만들고 주로 마른 제물을 담는 그릇
두(豆)	나무를 파서 만들고 젖은 음식을 담는 그릇
보(簠)	쌀과 기장을 담는 놋쇠 그릇
궤(簋)	메조와 차조를 담는 놋쇠 그릇
형(鉶)	소금 간을 한 국을 담는 국그릇(놋쇠)
비(篚) 혹은 폐비(幣篚)	흰색의 폐(百幣)를 담는 대바구니
모혈반(毛血盤)	짐승의 털과 피를 담는 놋쇠 쟁반
천조갑(薦俎匣)	소 · 돼지 · 양의 장 · 위 · 폐를 담는 나무상자
찬(瓚) · 찬반(瓚盤)	술그릇과 받침쟁반
작(爵) · 작점(爵坫)	술잔과 받침
망료기(望燎器) · 저(箸)	축폐를 태워 올릴 때 사용하는 놋쇠접시와 젓가락
향로(香爐)	향을 사르는 촛불을 담는 놋쇠 제기
향합(香盒)	향을 담는 뚜껑 있는 놋쇠 그릇
와룡촛대(臥龍燭臺)	축을 읽을 때 사용하는 놋쇠로 만든 긴 촛대
세뢰(洗罍)	손과 잔 씻는 물을 담는 놋쇠 그릇

관세기(灌洗器)	손을 씻는 놋쇠 대야
계이(鷄彝)	닭이 그려진 술통(놋쇠)
조이(鳥彝)	봉황이 그려진 술통(놋쇠)
희준(犧罇)	소 형태의 술통(놋쇠)
상준(象罇)	코끼리 형태의 술통(놋쇠)
산뢰(山罍)	산과 구름이 새겨진 술통(놋쇠)
용작(龍勺)	술을 뜨는 국자(놋쇠)
번간로(燔肝爐)	다리 셋 달린 화로(놋쇠)
멱(羃)	제기나 술통을 덮는 헝겊 덮개

이 제기들은 그냥 막 만든 게 아니다. 거기에는 나름대로의 원리가 들어가 있다. 그러면 각 제기의 형태가 갖고 있는 철학적 의미 혹은 상징에 대해 표를 통해 간략하게 정리해 보자.

각 제기의 형태가 갖고 있는 철학적 의미

종류	형태나 문양	철학적 의미	음양
궤	둥근 형태	하늘은 둥글다(天圓)	양
보	사각형	땅은 네모나다(地方)	음
작과 번간로	다리가 셋 달린 형태	천(天), 지(地), 인(人)의 삼재(三才)	-
조이	남방의 생물인 봉황새를 양각함	예(禮)	양
계이	동방의 생물인 닭을 양각함	인(仁)	음
황이	노란색은 중앙의 색깔을 뜻함	지(智)	양
가이	흰색을 뜻하는 벼를 그림	의(義)	음

- 제수

종묘대제는 국가의 가장 큰 제사이었던 관계로 이때 진설되는 제수는 가정 제사와는 달리 대단히 복잡하고 매우 엄격하고 차려졌다. 조선 영조 때 편찬된 〈종묘의궤(宗廟儀軌)〉에 보면 삼생(三牲)·이갱(二羹)·서직도량(黍稷稻粱)·이제(二齊)·삼주(三酒)·육과(六果)·육병(六餅)·이포(二脯)·사해·사저(四菹)·율료·모혈(毛血)을 쓴다고 기록되어 있는데 거의가 다 어려운 한자로 되어 있어 이해하기가 매우 힘들다. 그래도 대강을 정리하여 살펴보자.

종묘대제에 쓰이는 음식들을 보면 일반 가정 제사와 가장 다른 점이 하나 눈에 띄는데 그것은 곡식이나 고기 등은 익히지 않은 날 것을 그대로 올린다는 사실이다. 잘 알려진 것처럼 일반 가정 제사에서는 살아 있는 사람에게 차리는 음식과 똑같은 것을 차린다. 모든 음식을 바로 먹을 수 있게 차린다는 것이다. 그러나 이 종묘대제나 공자를 제사지내는 문묘대제 등에서는 날 것을 그대로 사용하기도 한다. 그 이유는 명확히 밝혀지지 않았는데 그냥 전해오는 바에 따르면 선사시대 이래의 오랜 전통을 그대로 계승한 것이라고 한다.

그러나 이 설명은 매우 무책임하다. 우선 선사시대에 과연 제사를 지냈을까 하는 것부터 우리는 잘 모른다. 제사라는 것은 고도의 문화적 행위라 인류 문화가 꽤 발달한 다음에나 가능했을 터인데 선사시대에 제사를 지냈다는 것은 수긍하기 힘들다. 그러나 만일 당시에도 제사를 지냈다는 것을 받아들인다 하더라도 우리는 그 내용을 잘 모른다. 내용이 기록되어 있지 않았기 때문이다. 따라서 당시에 실제로 날고기를 썼는지 아닌지는 알 수가 없다. 이처럼 선사시대의 제사에 대해서는 전부 모르는 것투성이니 종묘대제를 선사시대의 제사에 연결시켜 생각

서쪽-물기있는 제물
북쪽-국
중앙-오곡과 육류
동쪽-마른 제물
남쪽-술잔

제수의 배치

할 수는 없다.

현재 종묘대제의 진설상에 올려 있는 음식의 종류를 크게 나누어 보면 동쪽에는 마른 제물, 서쪽에는 물기 있는 제물, 남쪽에는 술잔, 중앙에 오곡과 육류(육포)를 놓는다. 상하기 쉬운 음식은 소금에 절이거나 삭히고 간으로는 간장과 소금을 사용한다. 제수는 익힌 것과 날것이 있고, 양념을 넣은 것과 넣지 않은 것 등이 있다. 날것과 양념을 하지 않은 맨 국을 쓰는 것은 고대에 생식을 하던 생활양식에서 비롯된 것이라고 전해지는데 이것 또한 확실한 것은 아니다. 이렇듯 제수가 복잡하기 짝이 없는데 그것을 간략하게 정리해보면 다음과 같다.

종묘제례 때 진설되는 제수의 종류

제수 종류	세부 내용
곡식(4종류)	벼, 조, 기장, 수수
젓갈(4종류)	녹해, 해해, 치해, 어해
떡(餅, 6종류)	흰떡, 검은 떡, 구이, 인절미, 양식(饟食), 이식

과실(果, 5종류)	밤, 대추, 호두, 잣, 비자
말린 고기(脯, 2종류)	녹포(鹿脯), 어숙(魚鱐)
생고기(7종류)	우성, 양성, 돈성, 천조, 돈박, 비절, 번료
나물(4종류)	구저, 근저, 청저, 길경
국(羹, 6종류)	양념하지 않은 국 3종류, 양념한 국 3종류
장과 술(6종류)	예주(醴酒), 앙제(盎齊), 청주(淸酒), 명수(明水), 현주(玄酒), 울창주
기타	그밖에 변료 1종, 촉 2본, 폐는 백저(白苧) 15척도 있음

제수의 종류를 정리한 표의 세부 내용을 보면 뜻 모를 단어들이 많이 있다. 그러나 그것을 다 알 필요는 없을 것으로 생각해 별 다른 설명 하지 않고 지나가기로 하자. 이런 어려운 단어들 때문에 종묘대제를 이해하는 일이 힘들어진다. 제기와 제수에 대한 설명은 이쯤 하고 다음으로는 종묘대제를 어떤 절차로 지내는지 그 순서를 살피는 것으로 넘어가자.

7) 종묘제례는 어떤 절차로 진행되나?

종묘대제의 큰 틀은 일반 가정 제사와 같다. 그럴 수밖에 없는 것이 일반 제사가 종묘대제를 본 떠 만든 것이기 때문이다. 종묘대제는 유교식 제사가 거의 다 그렇듯 그 순서가 아무리 복잡한 것처럼 보여도 크게 보면 세 부분으로 나누어져 있음을 알 수 있다. 즉, 우선 신을 '맞이하는' 절차가 있고(재계, 취위, 청행례, 신관례), 그다음에는 신이 '즐기는' 절차가 있으며(궤식례, 초헌례, 아헌례, 종헌례), 마지막으로는 그 신을 '보내는' 순서가 있다(음복례, 철변두, 송신례, 망료례).

한편 종묘대제에는 앞서 언급한 순서 말고도 어가행렬이라는 순서가 있다. 어가행렬은 왕이 종묘에서 제사를 봉행하기 위해 궁궐에서 종묘까지 행차하는 것을 말한다. 그 행차 과정을 보면, 먼저 임금을 모신 신하들이 궁궐 앞에 나누어 선다. 그리고 호위 관원을 비롯한 출궁 행렬이 정렬하면 상서원 관원이 국새를 받들고 문안을 한다. 그런 다음 임금이 궁궐 밖의 어연이라고 하는 임금의 가마에 오르면 노란색의 큰 양산(일산이라 함)과 의장을 든 시위들이 따르고 신하들도 일제히 말을 타고 종묘를 향해 출발한다.

현재 종묘대제 당일에도 어가행렬을 진행한다. 황사손 일행이 광화문을 출발하여 세종대로, 세종대로 4거리, 종로 길, 종묘 정문(외대문)을 지나 재궁까지 어가행렬을 진행한다. 그런데 2011년까지는 어가행렬이 정전 제향을 기준으로 거행되었기 때문에 종묘대제는 영녕전 제향(9:30-11:30), 어가행렬(11:30-12:30), 정전 제향(13:00-15:30) 순으로 진행되었다. 그러나 2012년부터는 제례 중심 제향 행사로서의 본질을 구현한다는 취지로 영녕전 제향과 정전 제향을 모두 어가행렬 후에 거행했다. 덕분에 공식 행사인 정전 제향은 오후 4시 30분에 시작하여 해질 녘인 저녁 7시 넘어 까지 진행 되었다. 하지만 2016년 종묘대제에서는 순서와 시간이 또 달라졌다. 다시 정전 제향 중심으로 돌아간 것인데 오전에 영녕전 제향을 봉행하고(10:00-12:00), 영녕전 제향이 한창일 때 어가행렬을 진행했다(11:00-12:00). 그리고 종묘대제의 핵심인 정전 제향은 2시부터 4시 30분까지 진행되었다. 앞으로도 순서와 방식은 또 바뀔 수 있을 텐데 1,000여 명이 참여하는 어가행렬을 보고자 한다면 종묘대제 공식 홈페이지를 통해 일정을 확인하면 된다.

현 어가행렬은 황사손이 탄 가마, 군악대가 연주하는 음악, 그리고 말을 탄 사람의 행렬로 일대가 장관을 이루며 많은 관람객의 관심을 받고 있다.

그러면 우리는 앞서 언급한대로 신을 맞이하는 절차부터 종묘대제를 훑어보자.

– 첫 번째, 신을 맞이하는 절차(재계, 취위, 청행례, 신관례)

재계(齋戒) 이 순서는 직접 신을 맞이하는 절차라기보다는 신을 맞이하기 위해 마음의 준비를 하는 순서이다. 또 제사 당일에 하는 것이 아니라 제사를 드리기 7일 전부터 마음의 준비를 하면서 금기 사항을 지키는 것이다. 이 기간 동안은 음식을 적게 먹고 문상이나 문병을 하지 않으며 죄지은 자를 벌하지도 않는다고 한다. 또 음악도 듣지 않고 오로지 제사 드릴 분에 대해서만 생각한다. 그분들을 사무치게 생각해 사모하는 마음을 크게 가져야 한다.

이런 마음을 가지고 제사 당일이 되면 제례는 다음과 같은 순서대로 진행된다.

취위(就位) 취위는 종묘제례의 본격적인 시작을 알리는 순서로서 모든 제관이 미리 정해진 자리에 서는 순서이다. 그런데 이 순서는 종묘대제의 순서 가운데 제관행렬과 더불어 아마 시간이 가장 많이 걸리는 순서일 것이다. 왜냐하면, 이때 축함(축문이 들어 있는 상자)이 들어올 뿐만 아니라 왕과 제관들이 모두 들어와 각기 자기가 맡은 신실 등에 가서 자리를 잡아야 하기 때문이다. 특히 수십 명의 제관이 한 걸음 한 걸음 천천히 걸어서 계단을 올라 각 신실에 배치되니 시간이 오래 걸린다. 물론 악사와 무용수 역시 이 순서에 제 자리로 들어선다.

그래서 관람자들에게는 꽤 지루한 순서일 수도 있다.

청행례(請行禮)　취위가 마무리 되면 곧바로 청행례 혹은 진청행사(進請行事)라고 하는 절차가 진행된다. 매우 중요한 일이 행해지는데, 우선 각 신실의 제관들이 조상들의 신주(위패)를 내어와 감실 중앙에 마련된 탁자(신탑)에 올리고 독이라고 하는 뚜껑을 연다. 신주는 보통 때에는 안쪽에 들여 뚜껑을 덮어놓는데 이제 제사를 시작하니 내와서 뚜껑을 여는 것이다. 이는 조상신들로 하여금 자손들이 바치는 음식과 술을 받을 준비를 하게 하는 것이다. 그 다음으로는 황사손의 비서라고 할 수 있는 예의사가 황사손을 제향 공간으로 모시고 가서 그에게 제향을 거행하도록 청한다. 비로소 제향이 시작되는 것이다. 이어서 종묘대제에서 처음으로 종묘제례악(보태평 희문)이 연행되는 가운데 황사손과 제관들이 신위를 향해 차례로 4번의 절(이를 '국궁사배'라함)을 한다. 이렇게 하면 진청례가 마무리되면서 제사를 지낼 준비가 다 된 것이다. 동시에 제사가 본격적으로 시작된 것이다.

참고로 실제 종묘대제 날에는 이 진청례 순서를 따로 부르지는 않는다. 취위 절차에 이어서 곧바로 행해진다. 취위와 진청례 사이의 경계가 분명치 않은 것으로 보이는데 예를 들어 어느 해에는 신주를 내어 독을 여는 것을 취위 절차에 포함시켰다. 그런데 지금은 신주를 모시는 것부터가 진청례의 시작이다. 그러니 독자들은 제관들이 각자가 맡은 자리로 가서 서는 일, 신주 내어 모시는 일, 황사손에게 제향의 거행을 청하는 일이 신관례 전에 이루어진다는 점을 기억하면 되겠다.

신관례(晨祼禮)　신관례는 특별한 예를 행하면서 드디어 이곳 제례 공간으로 조상신을 모시는 절차이다. 이것은 신을 맞이하는 강신례와 같은 것으로 각 실의 초헌관들은 세 번에 나누어 향을 피우고 바닥에 있는 구멍에 술을 따라 붓는다. 그리고 예물인 폐(幣)를 올리게 된다. 여기서 향을 피워 하늘로 올리고 술을 땅에 붓는 것은 왕이 죽으면서 분리되었던 혼과 백을 다시 불러 합치는 것이다. 유교에 따르면 우리 인간은 혼과 백, 즉 정신과 물질로 구성되어 있는데 죽게 되면 이 둘이 분리되어 혼은 하늘로 향하고 백은 땅으로 향하게 된다. 이 순서에서는 나뉘었던 이 둘을 다시 합쳐서 제사를 받을 수 있는 온전한 인간으로 만드는 것이다. 음악은 보태평의 첫 곡인 희문이 행해지는데 이는 희문 원곡의 선율과 속도, 가사 내용을 바꾸어 변주한 곡으로서 따로 '전폐희문(奠幣熙文)'이라 이른다.

– 두 번째, 신이 즐기는 절차(궤식례, 초헌례, 아헌례, 종헌례)

신을 온전한 인간의 형태로 불러 왔으니 이제는 그를 대접할 차례이다. 신이 즐기도록 하는 것이다. 이를 위해 정성스레 음식을 차려놓고 더 큰 마음의 표시로 술을 세 번 올린다. 조상들로 하여금 살아 있을 때와 똑같은 음식과 술을 먹고 즐기라는 것이다. 물론 혼들이 어떻게 음식을 먹고 술을 들면서 즐길 수 있느냐는 질문을 던질 수 있지만, 유교에서는 조상이 죽었으되 죽지 않았다고 생각해 그들을 산 사람과 똑같이 대접한다. 그래서 조상들은 살아 있는 사자(the living dead)라고 불리기도 한다. 종묘제례는 조금 다르지만 유교식 제사에 산 사람이 먹는 음식을 차려놓는 것은 그런 이유에서이다.

궤식례(饋食禮)(천조례薦俎禮 혹은 진찬례進饌禮)　궤식례는 신위 전에 술잔을 올리기에 앞서 제수를 올리는 절차이다. 천조례 혹은 진찬례라고도 이른다. 원래 '천조'는 신의 자리를 정화하는 예이고 '진찬'은 궁중에서 벌어지는 잔치를 뜻하는데 여기서는 제상에 제물을 진설하는 순서를 뜻하는 것으로 쓰인 것이다. 이 순서에는 곡식을 올리고 동물의 간 등을 태워 조상들께 바치는 절차가 있는데 다양한 이름을 가진 제관들이 꽤 복잡한 예를 행한다. 자세한 것은 후반부의 대본 형식에서 살펴보자. 음악은 궤식례를 위해 특별히 만든 '풍안지악(豊安之樂)'이 행해지는데 춤은 없다.

삼헌례(초헌례, 아헌례, 종헌례) 조상들의 신위에 세 번에 걸쳐 술잔을 올리는 이 순서는 사실상 종묘대제의 본론에 해당한다고 하겠다. 유교식으로 올리는 모든 제사는 바로 이 술잔을 올리는 순서를 중심으로 치러진다. 현 종묘대제에서는 황사손이 제 1실(고황제실, 즉 이성계를 모신 방)의 초헌관을 맡는데, 그가 제 1실에서 첫 번째 술잔을 바치면 각 방에 있는 초헌관들도 같은 일을 한다. 이후 축관이 축문을 읽는 순서가 있다. 두 번째 잔부터는 축문을 읽지 않고 그냥 술잔만 올린다.

이 세 번의 술잔을 올릴 때, 각각의 절차는 서로 큰 차이는 없고 단지 올리는 술이 조금씩 다르고 음악과 춤의 내용이 달라질 뿐이다. 초헌 때에는 예제라 불리는 '감주'를, 아헌 때에는 앙제라 불리는 '탁주'를, 종헌 때에는 '청주'를 올리는데 술이 각 순서마다 달라지는 것에 어떤 의미가 있는지는 잘 모르겠다. 음악과 춤은 초헌 때에는 조상들의 문덕을 칭송하는 내용의 보태평과 문무를 행하고, 아헌과 종헌 때에는 무공을 칭송하는 내용의 정대업과 무무를 행한다. 음악과 춤에 대한 것은 곧 이어지는 종묘제례악 편에서 상세히 보자.

– 세 번째, 신을 보내는 절차(음복례, 철변두, 송신례, 망료례)

종묘대제의 마지막은 신을 보내는 절차들로 진행된다. 여기서는 직접 신을 배웅한다기보다 자손들이 신이 남긴 음식과 술을 먹은 다음, 차린 음식을 거두고 신주를 제 자리로 원위치시키는 것으로 진행된다.

음복례(飮福禮) 이 순서는 제 1실의 초헌관인 황사손이 음복하는 순서이다. 이때 황사손은 음복하는 자리로 가서 술과 익힌 고기를 먹는데 이는 일반 제사와 마찬가지이다. 음복례는 조상이 드신 음식을 같이 먹음으로써 그들의 체취를 느끼고 그들과 하나가 되어 그들이 지닌 크나큰 복을 자연스럽게 인수하는 것이라 할 수 있다. 음복 절차에서는 음악을 행하지 않는다.

철변두(撤籩豆) 이 순서의 이름은 생소한데 해석하면 제기인 '변'과 '두'를 철수한다는 뜻이고 이것을 풀어 해석하면 제물을 거두어들이는 것이라 할 수 있다. 음복례가 끝난 뒤 제관들이 각 실에 들어가 변(굽이 높고 뚜껑이 있고 과실을 놓는 제기)과 두(굽이 높고 뚜껑이 있고 국 등을 담는 제기)를 거두는 순서이다. 실제로는 제상에 진설한 변과 두를 전부 거두는 것은 아니고 각각 1개씩만 자리를 조금씩 옮겨 놓는 것으로 진행한다. 그래서 철변두 절차는 금방 끝이 나고 철변두를 행한다는 말(창홀)을 생략하기도 한다. 음악은 철변두를 위해 만들어진 '옹안지악'을 연주하는데 궤식례의 '풍안지악'과 선율은 동일하고 가사만 다르다.

송신례(送神禮) 사실 이 순서가 실질적인 신을 보내는 순서라 할 수 있다. 떠나는 신이 편히 갈 수 있게 예를 다하여 절을 하는 순서이다.

모든 제관이 신위를 향해 4배를 하고 일어나면 각 실에 있는 제관(대축관)이 독(신주를 넣어두는 나무로 짠 궤)을 덮고 신주를 안으로 모셔 들인다. 조상신의 표상이라 할 수 있는 신위를 원래의 위치로 옮김으로써 신을 보내드리는 것이다. 그런데 최근(2016년) 종묘대제에서는 신주를 원래 위치로 모셔 들이는 것을 송신례 때 하지 않고 이어지는 망료례 때 행하고 있다. 또한 철변두 때와 마찬가지로 송신례를 행한다는 말을 따로 하지는 않는다. 음악은 춤이 없는 '흥안지악'이 행해지는데 앞서 나온 궤식례와 철변두 음악과 선율은 같고 가사만 다른 곡이다.

망료례(望燎禮) 이는 마지막 순서로 제사에 사용된 축문과 폐(흰 비단)를 '요'에서 태우고 묻는 순서이다. 사람들은 이때 나오는 연기와 함께 신들이 떠나는 것으로 생각했다고 한다. 여기서는 두 제관(대축관과 묘사)이 각각 축문과 폐를 받들고 '요(燎)'라는 곳에서 태운다. 그런 다음에 또 다른 제관(칠사축관)이 그 태운 것을 서쪽 문밖에 있는 예감이라는 곳에 묻는다. 제 1실 초헌관이었던 황사손은 이것을 망료위에서 지켜보고 있다가 마무리되면 제관들로부터 예를 모두 마쳤음을 보고받고 소차로 들어가고 모든 집사는 제 자리, 즉 밑으로 내려가서 조상들께 마지막 4배를 한다. 이후 음악과 무용을 담당한 악원과 일무원들이 퇴장하는데 이로써 종묘대제는 끝이 난다. 망료례에서는 음악을 행하지 않는다.

조선 시대 때 망료례가 끝난 후 왕은 원래 머물렀던 재궁(어숙실)으로 돌아가고 이어 제관들이 모두 나간다. 왕은 어숙실에서 잠깐 쉬면서 옷을 갈아입고 대궐로 돌아간다. 그다음 날 왕은 궁전에서 종친과 대신들을 불러 모아 음복연을 거행하는데 이것은 현행 종묘대제의 순서에 있는 것은 아니라 여기에 포함시키지 않았다.

8) 종묘제례악

이제 우리가 마지막으로 볼 것은 이 종묘제례에서 상당한 부분을 차지하고 있는 종묘제례악이다. 종묘제례악은 일반적으로 지칭하는 음악보다 범위가 큰 개념이다. 종묘제례악은 종묘에서 조선의 역대 임금과 왕후에게 제사 지낼 때 연행되는 악기 연주, 노래, 춤 이 세 가지를 통틀어서 말한다. 이것은 '악가무(樂歌舞)'를 하나로 보는 전통적인 음악관에서 비롯된 것이다. 종묘대제 때에도 이 원리에 따라 악단이 음악을 연주하고 이에 맞추어 가수들이 노래를 하며 무용단이 춤을 춘다. 제관들이 제 자리에 위치하여 제례가 시작된 후 음복례와 마지막 순서인 망료례를 제외하고는 음악이 행해진다.

종묘제례는 '예'가 주가 되는 행사이지만 종묘제례악 역시 '예' 만큼이나 중요한 역할을 한다. 특히 종묘제례악은 종묘제례의 핵심인 신위에 세 번의 술잔을 올릴 때 빠져서는 안 될 중요한 요소이다. 그렇다면 왜 제사를 지내면서 음악을 행할까? 그 답은 유교의 예악사상에서 찾아볼 수 있는데 엄격한 예와 더불어 음악의 역할과 제정을 중시했던 공자의 예악사상을 발현시킨 것이라 하겠다. 유교에서는 인간을 인간답게 만들려면 예와 악이 꼭 필요하다고 생각했다. 유교에서는 우리 인간은 질서의식(예)과 풍류정신(악)을 함께 가져야 성숙한 인간이 될 수 있다고 믿어 왔다. 그래서 엄숙하게 제사를 드리는 가운데에서도 음악을 연주하여 딱딱하고 엄격한 예에 조화와 화합을 꾀하는 동시에 흥취를 더한 것이다.

이러한 종묘제례악은 종묘제례와 더불어 2001년도에 유네스코 세계
무형문화유산으로 등재되었을 뿐만이 아니라 진즉에 우리나라 중요무
형문화재 제 1호로 지정되었다. 종묘제례악은 전 세계에서 우리나라만
이 소지하고 있는 음악이기 때문에 그 가치는 매우 크다.

한편 종묘제례에서 부르는 노래는 따로 '악장'이라 이르고 춤은 '일무'
라 이른다. 이 용어 이외에도 종묘제례악을 이해하기 위해서는 몇 가
지 용어와 정보를 더 알아야 하는데 이제 그것을 차례대로 살펴보자.

– 두 개의 악대, 등가(登歌)와 헌가(軒架)

종묘제례악은 크게 연주 그룹과 무용을 담당하는 그룹으로 나뉜다.
연주 그룹부터 살펴보면, 악대는 두 군데로 나뉘어 배치된다. 정전과 영
녕전의 댓돌 위 상월대와 댓돌 아래의 넓은 하월대에 나뉘어 배치되는
데 상월대에 위치한 악대를 '등가'라 하고, 하월대에 위치한 악대를 '헌
가'라 이른다. 이 용어만 알아도 종묘대제를 관람할 때 적지 않은 도움
이 된다. 진행자 격에 해당하는 집례가 창홀, 즉 말과 노래의 중간 형식
으로 홀기라고 하는 의식 순서들을 부르는데 이때 '등가작' 또는 '헌가
작'이라는 표현이 자주 나오기 때문이
다. 집례가 '등가작'이라 하면, 상월대
에 위치한 등가 악단에게 연주를 청하
는 것이고 '헌가작'이라 하면, 하월대에
위치한 헌가 악단에게 각 절차에 맞는
음악을 연주하도록 지시하는 것이다.

그런데 등가와 헌가의 악대 위치 뿐
만 아니라 각 악대에 배치되는 악기의

헌가악단 ©문화재청

등가 악단과 헌가 악단의 배치(정전)

등가 악단 ⓒ문화재청

위치는 엄격하게 정해져 있다(악기의 색깔도 정해져 있다). 그래서 양 악대에 편성되는 악기도 조금 다르다. 우선 상월대에 위치한 등가의 배치와 편성을 보면, 정전의 경우 신로가 연결된 중앙 계단을 중심으로 서쪽(왼쪽)에는 해금, 대금, 어, 방향, 편경, 박, 절고가 배치되어 있고, 동쪽(오른쪽)에는 당피리, 아쟁, 장구, 편종, 축이 편성되어 있다. 하월대에 위치한 헌가에는 역시 중앙 계단을 중심으로 서쪽에 진고, 어, 편종, 박, 징, 당피리, 태평소가 배치되어 있고 동쪽에는 장구, 축, 편경, 방향, 대금, 해금이 배치되어 있다.

이 두 악단은 동시에 연주하지는 않는다. 정해진 절차에 따라 서로 번갈아 가며 음악을 연주하고 노래한다. 여기서 등가 악단은 하늘을 상징하고 헌가 악단은 땅을 상징한다고 한다. 이렇게 악단을 둘로 나눈 것은 하늘과 땅이 서로 조화를 이루어야 한다는 뜻이 담겨 있다.

– 종묘제례악의 큰 내용, 보태평과 정대업

종묘제례악은 크게 보태평(保太平)과 정대업(定大業)이라는 두 가지 제목 혹은 두 가지 내용을 담고 있다. 우선 보태평은 태평을 보호한다는 의미로 태평시대를 이끈 왕들이 이룩한 문화적인 덕을 기리는 음악이다. 이는 총 11개의 작은 곡(악장)으로 구성되어있는데 차례로 희문(熙文), 기명(基命), 귀인(歸仁), 형가(亨嘉), 집녕(輯寧), 융화(隆化), 현미(顯美), 용광정명(龍光貞明), 중광(重光), 대유(大猷), 역성(繹成)이다. 물론 이들 곡명을 기억할 필요는 없다. 다만 종묘대제에서 울려 퍼지는 종묘제례악은 이 보태평으로부터 시작된다는 사실 정도만 알아두면 될 것이다. 보태평은 청행례(영신례에 해당 함)를 시작으로 신관례, 초헌례 이렇게 세 번에 걸쳐 등장한다. 그런데 보태평을 행하라는 똑

같은 주문에도 불구하고 세 절차에서 연주되는 보태평은 조금씩 다르다. 어떻게 다른지 차례로 보자.

청행례 때에는 예의사가 황사손에게 제례를 시작하도록 청한 직후에 음악이 행해지는데, 집례가 '軒架作保太平之樂保太平之舞作(헌가작보태평지악보태평지무작)'이라는 홀기를 낭독하면 헌가에서 드디어 연주와 춤이 진행된다. 그런데 실제로는 주문과 달리 보태평 11곡 전곡을 연주하고 추지는 않는다. 첫 번째 곡인 희문만을 행하는데 이를 따로 '영신희문(迎神熙文)'이라 이른다. 이렇게 부르는 이유는 가사를 바꾸었기 때문이다. '희문'은 조상의 문덕을 칭송하는 내용이지만 '영신희문'은 엄숙하고 법도에 맞게 제사를 올리니 후손들의 소원을 들어주기를 기원하는 내용으로 되어있다.

한 가지 사실을 덧붙이자면 조선 시대에는 청행례 때 연주하는 이 '영신희문'을 무조건 9번 연주해야 한다는 엄격한 법도가 있었다. 이를 '영신구성'이라고도 하는데 이는 악사들에게도 왕 이하의 제관들에게도 힘든 일이었다. 그래서 조선말에는 연주 시간을 단축시키기 위해 '영신희문'을 빠르게 연주했다고 한다. 물론 지금은 한 번만 연주한다. 청행례를 행하면서 왜 첫 곡인 희문만을 연주했는지, 그리고 이를 왜 9번 연주했는지에 관해서는 좀 더 깊은 연구가 필요할 것이다.

종묘대제의 두 번째 보태평은 청행례에 이어지는 신관례, 그러니까 향을 피우고 신실 바닥의 구멍에 술을 부어 조상들의 혼백을 모시고 예물인 폐를 올리는 절차를 행할 때 나온다. 보태평을 행하라는 주문인 '登歌作保太平之樂保太平之舞作(등가작보태평지악보태평지무작)'에 따라 연주는 등가에서, 춤은 하월대에서 추어진다. 그런데 이번에도 첫 곡인 희문만을 행한다. 이 때 연주되는 희문은 '전폐희문(奠幣熙文)'

이라 이르는데 이는 '희문'을 편곡한 곡이다. '희문'과 비교해 보면 선율은 변주 혹은 새로운 가락이 쓰였고 속도는 두 배 정도 느리며 가사는 정성스럽게 마련한 폐백을 받고 흠향해달라는 내용으로 되어있다. 이렇듯 보태평의 첫 곡인 '희문'은 그 자체는 물론이고 청행례의 '영신희문', 신관례의 '전폐희문'으로 사용되었기에 보태평 11곡에서 차지하는 비중이 크다고 하겠다.

보태평은 종묘대제의 핵심인 초헌례, 즉 조상신께 첫 번째 술잔을 올리고 축문을 읽는 절차에서 한 번 더 나온다. 이 때 드디어 첫 곡인 '희문'부터 마지막 곡인 '역성'까지 11곡 전곡이 행해진다. 그런데 사실은 조선시대에는 그랬고 지금은 꼭 그렇지는 않다. 사정이 그렇게 된 이유는 초헌례의 절차가 간소화되었기 때문이다. 지금은 초헌관이 각 신실에 1명씩 배치되어 전 신실에서 동시에 초헌례가 이루어진다. 그러나 조선시대에는 초헌관이 오직 한 사람이었고 그가 모든 신실에 차례로 들러 예를 행했다. 이는 초헌관에게도 힘든 일이었겠지만 악사들에게도 고역이었다. 보태평 11곡 전곡을 연주하는 게 뭐 그리 어려운 일일까 생각할 수도 있지만 그것은 보통 까다로운 일이 아니었다. 그 이유는 이렇다.

우선 보태평 11곡 중에서 첫 곡인 '희문'과 마지막 곡인 '역성'은 각각 인입장과 인출장이라 불렸다. 인입장(희문)은 초헌관이 예를 행하기 위해 제 1실에 오를 때 까지 연주되고, 인출장(역성)은 초헌관이 마지막 신실까지 예를 마치고 나와 원래 자리로 돌아갈 때 연주되었다. 사이에 끼인 나머지 9곡은 초헌관이 각 신실에서 예를 행하는 동안 연주되었다. 이것이 왜 고역이었냐 하면, 초헌관이 계단을 올라 제 1실에 도착할 때 까지는 인입장인 '희문' 연주가 딱 맞아떨어져야 했다. 또

한 제 1실부터 마지막 신실에 들러 예를 행하는 동안에는 인출장인 '역성'을 제외한 9곡('기명'부터 '대유'까지)을 적절히 안배하여 음악이 모자라거나 남는 일이 없도록 해야 했다. 게다가 초헌례에는 축문 낭독이 있지 않은가. 각 실에서 축문을 읽을 때마다 음악을 그쳤다가(樂止, 악지) 재개하기를(樂作, 악작) 반복해야 했다. 그래서 악사들에게는 초헌례 때 보태평 11곡 전곡을 무사히 연주 '해내는' 일은 결코 쉬운 일이 아니었던 것이다.

그렇다면 지금은 어떨까? 현 종묘대제에서는 각 신실에서 동시에 초헌례가 진행되기 때문에 보태평 전곡을 다 연주하기도 전에 예가 끝난다. 그래서 앞서 보태평 11곡이 반드시 다 연주되는 것은 아니라고 한 것이다. 축문은 제 1실에서만 읽기 때문에 음악도 한 번만 끊어진다. 특기할만한 사실은 각 실의 초헌관들이 모든 예를 마치면 음악은 언제든지 신호에 따라 인출장이라 이르는 마지막 곡인 '역성'으로 넘어가 그들이 제 자리로 돌아갈 때 까지 연주된다는 사실이다. 물론 진행 상황에 따라 반복해서 연주해도 된다.

다음으로 정대업은 왕들이 지닌 전투적인 힘을 높이 사는 내용을 담은 음악이다. 즉, 태조의 4대조와 태조가 나라를 세운 업적은 물론 나라를 위해 외적에 맞서 싸운 조상들의 무공을 칭송하는 내용을 담고 있는데 이 역시 보태평과 마찬가지로 11개의 작은 곡으로 구성되어있다. 차례로 소무(昭武), 독경(篤慶), 탁정(濯征), 선위(宣威), 신정(新定), 분웅(奮雄), 순응(順應), 총유(寵綏), 정세(靖世), 혁정(赫整), 영관(永觀)이다. 정대업은 두 번째 잔을 올리는 아헌례 때 처음으로 등장하여 마지막 잔을 올리는 종헌례까지 총 두 번에 걸쳐 등장한다. 두 절차의 홀기도 같다. '軒架作定大業之樂定大業之舞作(헌가작정대업지악정대업지무작)'이라는 집례의 창홀에 따라 두 절차 모두 헌가에서 정대업을 연주하고 정대업 춤을 춘다.

조선시대에는 정대업 11곡 전곡을 연주했지만 지금은 초헌례 때와 마찬가지로 각 신실에 헌관들이 배치되어 동시에 예를 행하기 때문에 전곡이 연주되는 것은 아니다. 연주하는 큰 틀도 초헌례 때와 같다. 즉, 헌관들이 각 신실에 도착하여 술을 올릴 준비를 할 때까지는 인입장인 첫 곡(소무)을 연주하고, 예를 행하는 동안에는 '독경'부터 '혁정'까지를 연주하는 것을 원칙으로 하되, 모든 헌관이 예를 마치면 언제든지 신호에 따라 인출장인 마지막 곡(영관)으로 넘어가 그들이 제자리로 내려갈 때 까지 연주한다. 초헌례와 다른 점은 중간에 축문 낭독이 없기 때문에 음악과 춤은 아헌례와 종헌례 각각의 예가 진행되는 동안 한 번도 끊이지 않는다는 사실이다. 또한 정대업은 무공을 찬양하는 내용이니 만큼 음악이나 춤사위가 문덕을 칭송하는 초헌례 때의 보태평과 다르다.

그런데 종묘제례악에는 지금까지 살펴본 보태평과 정대업 어디에도 속하지 않는 3곡이 더 있다. 그것은 차례로 궤식례 때 헌가에서 연주되는 '풍안지악(豐安之樂)', 철변두 때 등가에서 연주되는 '옹안지악(雍安之樂)', 그리고 송신례 때 헌가에서 연주되는 '흥안지악(興安之樂)'이다. 이 세 곡은 공통점이 많다. 모두 춤이 없고 선율도 같다. 단지 노랫말이 서로 다를 뿐이다. 또한 보태평과 정대업이 5음음계로 되어있는 것과는 달리 이들 세 곡은 중국식 음계인 7음음계로 되어있다는 점도 특기할 만하다. 사실 이 세 곡은, 세조가 보태평과 정대업을 종묘제례악으로 채택하기 위해 다듬는 과정에서 최항과 함께 새로 만든 곡이다. 그 구체적인 경위를 보려면 종묘제례악의 탄생에 대한 긴 이야기를 풀어야 하니 이는 잠시 후에 보기로 하자.

한편 종묘대제에서 음악을 쓰지 않는 절차가 있다. 음복례와 망료례
가 바로 그것이다. 조상들이 드신 음식을 나누어 먹고 제례 때 쓰인 축
문과 폐를 태우는 절차에서는 음악을 행하지 않는다.

– 줄 지어 추는 춤, 일무

보태평과 정대업이 행해질 때에는 응당 춤이 포함된다. 문덕을 칭송
하는 보태평지무(保太平之舞)와 무공을 담은 정대업지무(定大業之舞)
로 구분되는데 각각 문무(文舞)와 무무(武舞)라고도 이른다. 그런데 종
묘대제 때 추는 이 춤들은 따로 일무(佾舞)라 이른다. 일무는 왕실 사
당인 종묘와 공자 사당인 문묘 제향 의식 때 추는 춤을 말하는데 여기
서 '일(佾)'이란 춤을 추는 줄(舞列)을 말한다. 이렇게 일무는 종묘제례
와 문묘제례 때 추는 춤이 전후좌우 줄을 서서 추는 춤이기 때문에 붙

정전 제향의 일무원의 자리(하월대의 서쪽 영역)

보태평지무(문무) ⓒ문화재청

정대업지무(무무)

여진 이름이다.

일무는 몇 명씩 줄을 지어 추느냐에 따라 2일무, 4일무, 6일무, 8일무로 나뉘는데 이는 신분에 따라 나눈 것이다. 선비(士)는 2일무, 대부(大夫)는 4일무, 제후(諸侯)는 6일무, 천자(天子)는 8일무로 구분된다.

현 종묘대제에서 행해지는 일무는 가로 세로 각각 8명씩 8줄로 서서 64명의 무용수가 참여하는 팔일무이다. 조선 시대 때에는 6일무를 추었으나 대한제국이 되어 황제 국가로 격상된 이후로 팔일무로 정착되었기 때문이다. 팔일무는 넓은 공간인 하월대에서 진행되는데 현재 정전 제향의 경우 제1실이 위치한 서쪽 부분의 하월대에서 행해진다.

보태평지무, 즉 문무와 정대업지무인 무무는 춤사위가 어떻게 다를까? 문무와 무무의 춤사위의 구분은 의외로 쉽다. 손에 들고 있는 의물과 춤사위에서 뚜렷한 차이가 나기 때문이다. 문덕을 칭송하는 문무, 즉 보태평지무를 출 때에는 왼손에는 구멍이 세 개 뚫린 약(籥)이라는 대나무 관악기를 들고, 오른손에는 꿩 깃털을 단 나무막대인 적(翟)을 들고 춘다. 동작은 허리를 굽히거나 빙빙 도는 춤사위로 비교적 완만하고 부드러운 곡선의 동작을 한다.

반면에 아헌례와 종헌례 때 행해지는 무공을 기리는 내용의 무무, 즉 정대업지무를 출 때에는 오른손에만 의물을 들고 춘다. 무공을 기리는 내용이니만큼 나무로 만든 검이나 창을 들고 춘다. 춤사위 역시 무공을 연상시키는 것으로 문무에 비해 각을 이룬 동작과 절도 있는 사위로 엄격한 분위기를 낸다. 사실 문무와 문무의 춤 동작들은 다소 기괴해 보일 수 있다. 그 의미하는 바는 유교의 철학을 담은 고도의 상징체계를 표현하고 있는 것이라 하지만 구체적인 것은 알기 어렵다.

참고로 현재 일무원의 복식은 문무와 무무 구분 없이 모두 악공의 관복인 화화복두(꽃이 그려진 모자), 홍주의(붉은색 두루마기), 남사대(남색 허리띠), 목화(검은빛 가죽 신)를 착용하고 있다.

이정도면 종묘대제 현장에서 무용수들이 들고 있는 의물과 춤사위로 현재 진행되고 있는 음악이 문덕을 칭송한 보태평인지 무공을 기리는 정대업인지를 쉽게 파악할 수 있을 것이다.

– 정성을 다해 지어 바치는 노래, 악장(樂章)

종묘제례악에는 악기 연주, 춤(일무), 그리고 노래(악장)가 포함된다. 악기 연주를 기본으로 하여 춤은 보태평과 정대업에만 등장하는 반면 노래는 악기 연주가 나오는 모든 절차에 수반된다. 청행례(보태평 영신희문), 신관례(보태평 전폐희문), 궤식례(풍안지악), 초헌례(보태평), 아헌례와 종헌례(정대업), 철변두(옹안지악), 송신례(흥안지악)가 진행되는 동안 선율에 가사 말을 얹어 노래를 부르고 있는 것이다. 종묘제례악에서 부르는 노래는 따로 악장(樂章)이라 이른다. 조상을 향한 존경심과 그리움은 직접 말로 전하는 것이 가장 효율적일 것이다. 종묘악장은 조상들께 전하고 싶은 말을 보다 정성스럽게 전달하고자 말에 선율과 리듬을 얹어 부르는 노래이다. 그런데 이 악장은 도무지 알아들을 수가 없다. 아니 아예 악대에서 노래를 하고 있다는 사실조차 알아채기 힘들다. 사정이 이런 데에는 이유가 있다.

노래가 잘 안 들리는 이유는, 우선 목소리가 악기 연주 소리에 묻혀서 상대적으로 작거나 잘 안 들리기 때문이다. 또한 가사가 전부 한시로 되어있기 때문이다. 한시의 한 행은 3음에서 5음으로 되어있는데 한 개의 시는 짧게는 4행에서부터 길게는 12행까지 다양한 형식으로 되어있다. 게다가 노래를 부를 때 한 글자 한 글자를 매우 천천히 부르면서도 길게 늘여서 발음하기 때문에 우리로서는 노래를 하고 있다는 사실은 물론 설령 노래가 들린다 하더라도 그 뜻을 전혀 알아들을 수 없는 것이다.

그래서 이 종묘 악장의 노랫말은 해석을 보고 살피는 수밖에 없다. 종묘 악장의 가사는 제사를 올리는 의미나 조상들께 지금하고 있는 절차에 대해 고하는 내용은 물론이고 역대 왕들이 태평을 유지하신 공로에 대한 칭송, 그리고 후손과 나라가 영원히 잘 되기를 소원하는 내용 등으로 되어있다. 여기서 초헌례 때 연주되는 보태평 가운데 첫 곡인 희문과 아헌례와 종헌례 때 연주되는 정대업 가운데 마지막 곡인 영관의 가사를 소개한다. 음악을 들으면서 가사를 살피면 악사들이 어떤 식으로 노래 하는지를 파악할 수 있을 것이다.

보태평 중 '희문'(제 1곡) 가사

열성개희운(列聖開熙運)　　열성께서 빛나는 운을 여시어
병울문치창(炳蔚文治昌)　　환하고 번성하게 문치가 드러나네
원언송성미(願言頌盛美)　　성대하고 아름다운 것을 칭송하고자 하여
유이시가장(維以矢歌章)　　오직 악장으로 노래 부릅니다

정대업 중 '영관'(제 11곡) 가사

어황열성(於皇列聖)　　아아, 위대한 열성께서는
세유무공(世宥武功)　　대대로 무공이 있으셨네
성덕대업(盛德大業)　　큰 덕 높고 넓어
갈가형용(曷可形容)　　어찌 모두 형용할 수 있으랴
만무유혁(萬舞有奕)　　온갖 춤은 차례가 있어

진지유정(進止維程)　나가고 그치는 것 법도가 있도다
위위타타(委委佗佗)　의젓하고 또 편안하니 아름답고 화기로와
영관궐성(永觀厥成)　길이 나라가 이루어짐을 볼 수 있네

– 종묘제례악의 어머니, 세종!

　지금까지는 종묘제례악의 겉모습들을 위주로 살펴봤다. 지금부터는 이 종묘제례악을 누가 만들었고 또 어떻게 하여 오늘에 전하고 있는지 그 작곡과 채택 과정에 대한 이야기를 시작해 보려고 한다. 결론부터 말하자면 현 종묘제례악은 세종이 친히 작곡한 보태평과 정대업을 토대로 세조가 편곡하여 탄생한 음악이다. 그렇다면 세종은 언제, 왜 보태평과 정대업을 만들었을까? 이것을 알려면 세종이 행한 아악정비 사업을 먼저 알아야 한다. 이 이야기는 다소 길어질 수 있겠다.

　세종은 조선을 규범 있는 국가로 만들기 위해 모든 면을 쇄신하는데 음악도 예외가 될 수 없었다(한글 제정도 그 작업 중 하나였다). 세종이 음악 분야에 남긴 업적은 말할 것도 없고 남다른 재능 또한 대단하다. 음악은 예악사상이라는 유교 이념의 입장에서 볼 때 대단히 중요한 것이다. 유교에 따르면 정치가 잘 되려면 음악이 바로 서야 한다. 음악이 바로 서려면 기본음이 정해져야 하는데 그때까지 조선은 기본음과 음률이 부실한 탓에 궁중의 각종 의례(의식)음악을 바로 세우지 못하고 있었다. 기본음이라는 것은 가령 서양음악에서 '도'를 어떤 높이로 정하느냐와 같은 것이다. 기본음인 '도'가 정해져야 그것에 맞추어 음률도 음악도 만들 수 있다. 세종은 아악정비라는 대형 국가사업을 통해 이 기본음은 물론 조선의 음률을 정하는 데에 성공한다.

　그 경위를 살피기에 앞서 우선 여기서 말하는 아악이 무엇인지부터

알아야 하겠다. 아악이란 중국은 물론 조선왕실의 각종 의식음악을 가리키는데 우리는 이 아악 전통을 고려 예종 때 중국 송나라 휘종으로부터 들여온다. 휘종은 중국의 고대 아악전통을 복원하고 그것을 대성아악(大晟雅樂)이라 하여 고려에 보내왔다(1116년). 이를 계기로 1116년 우리 종묘에서는 최초로 중국 아악이 울려 퍼지고 이로써 대성아악은 이후 궁중의 각종 의식음악과 제례음악의 기틀이 되었다. 그러나 이 중국의 아악 전통은 고려대에도 매우 힘겹게 유지되었을 것으로 보이는데 300여 년이 지난 세종 대에 이르자 단절되다시피 한 상태에 이르렀다. 이에 세종은 즉위한지 6년째 되던 1424년에 아악을 정비하고 제정하는 큰 사업을 시작한다. 이는 중국 주나라의 아악을 추적하고 그것을 지표삼아 그 정통을 곧추 세우고 바로잡는 실로 엄청난 사업이었다. 이것이 이른바 아악정비사업이다(1424−1433년).

이 사업은 약 9년여 만인 1433(세종 15)년에 결산의 장을 맞이하며 결국 성공을 거두었다. 이로써 마침내 조선에서는 기본음은 물론 율관(律管, 절대 음을 제공해 주는 조율용 악기)이 최초로 만들어지고, 아악의 핵심 악기인 편경이 최초로 국내 기술로 제작되었으며, 자체적으로 악기 수리도 가능해졌을 뿐만 아니라 조회(朝會)아악 312곡과 제사아악 144곡이라는 방대한 아악곡이 만들어졌다.[2]

이때 완성한 율관이나 악기, 아악곡은 모두 중국의 정통한 아악 제도와 음의 법도를 치밀하고 엄격하게 따져가며 만든 것이다. 특히 456

---

2) 참고로 세종이 제정한 상기 아악 456곡 가운데 오늘날까지 연주되고 있는 것은 단 여섯 곡이다. 그것은 곧 현행 문묘제례 때 연주되고 있는 문묘제례악 전곡(全曲, 6곡)이다. 이런 점에서 일각에서는 문묘제례악을 '유일한 아악'이라 일컫기도 한다. 이는 중국의 정통한 아악만을 진정한 의미에서의 '아악'이라 보는 시각에서 비롯된 수식어이다. 아울러 세종과 세조의 종묘제례악 창작 및 채택 과정에 관한 글은 "한국음악과 중국음악, 그 오래된 관계와 오늘"(2010, 송혜나)에서 일부 발췌한 것임을 밝혀둔다.

곡의 방대한 아악곡은 심지어 그때까지 전하던 중국 아악곡의 오류를 수정해가며 질서를 세워 만든 그야말로 완벽한 곡이다. 여기서 그 세세한 정보를 다 적을 수는 없지만 직접 분석해 본 결과 소름 끼치도록 치밀하기 짝이 없는 음악이다. 그래서 『세종실록』에는 이 사업을 두고 '주자(朱子)와 채씨(蔡氏)의 뜻이 천 년 이후에 조금이라도 펴게 되었다'고 적고 있다. 중국도 못다 이룬 정통한 아악의 전통을 비로소 조선이 바로잡았다는 것이다. 이 음률을 바탕으로 제정한 음악들이 처음으로 울려 퍼진 것은 세종이 아악정비 사업을 착수한 지 9년째가 되는 1433(세종 15)년 1월 1일의 일이었다. 근정전에서 문무백관들과 회례연이라는 잔치를 하면서 처음으로 조선이 제정한 아악을 연주한 것이다.

그런데 세종은 중국의 아악 전통을 바로 세우는 것에 공을 들인 동시에 조선 고유의 음악에 대해서도 강한 애착을 가지고 있던 인물이었다. 그는 아악이 정비되면서 조선 음률이 만들어지니 한반도 고유의 음악(선율)을 토대로 친히 여민락(與民樂), 보태평, 정대업, 치화평(致和平), 취풍형(醉豊亨), 발상(發祥), 봉래의(鳳來儀) 등 몇 곡의 신악(新樂)을 작곡한다. 이는 당시 질서로서는 있을 수 없는 일이다. 예악의 질서에 따르면 '악'이라는 것은 제후가 창작할 수 없는 장르이기 때문이다. 그러나 세종은 자신의 '신악' 작곡의 뜻을 이미 아악정비 사업의 결산을 보고받던 회례연 날 조심스레 내비치더니 이를 실행에 옮겼다. 이로써 세종은 아악정비 사업을 통해 중국도 끝내 바로잡지 못한 소실된 아악을 주(周)대의 것 혹은 정통한 아악(완벽한 음의 법도를 구현한 음악)으로 복원했을 뿐만 아니라 동시에 중국과 구별되는 조선만의 독자적인 아악도 이룩한 것이다.

세종이 만든 신악(여민락, 보태평, 정대업, 봉래의 등)은 그야말로 조선식 아악으로서 음악을 만드는 물리적 재료를 제외하고는 한반도 고유의 것에 바탕을 두고 만든 음악이다. 한글 창제 역시 대신들의 극악한 반대가 따른 왕실의 비밀 프로젝트였던 것처럼 세종의 음악 창작은 당시로서는 파격적인 행보라 아니할 수 없다.

세종이 작곡한 신악 가운데 보태평과 정대업은 오늘날 종묘제례악의 모태가 된 음악이다. 그래서 이 글의 제목을 '종묘제례악의 어머니'라 붙인 것이다. 세종이 현 종묘제례악의 핵심인 보태평과 정대업을 비롯한 신악을 작곡한 것은 바로 아악정비 사업의 성공으로 말미암아 가능한 일이었다. 세종은 조선의 고취악(鼓吹樂)과 고려로부터 전래된 향악, 그중에서도 특히 청산별곡, 서경별곡, 가시리와 같은 고려가요 선율을 이용하여 보태평 11곡과 정대업 15곡을 만들었다.

이에 대한 기록은 부실하지만 창작 연대와 경위를 추정할 수는 있다. 우선 창작 연대를 추정해 보면, 보태평과 정대업은 세종이 만든 다른 신악과 더불어 세종 15(1433)년에서 29(1447)년 사이에 만든 것으로 추정된다. 그 근거는 『세종실록』의 기록에 따른 것인데, 1433년은 세종이 음악 창제의 뜻을 내비친 때이고 1447년은 보태평과 정대업이라는 명칭이 기록에 최초로 등장하기 때문이다.

다음으로 세종이 보태평과 정대업을 창작한 이유를 추정해 보자. 세종은 잘 알려진 것처럼 종묘제례 때 우리 조상들이 듣던 음악이 아닌 중국 음악이 연주되는 것을 안타깝게 생각해온 인물이다. 이런 상황에서 아악정비 사업이 성공적으로 끝나고 조선 음률이 정해지자 친히 몇 곡의 음악을 작곡했는데 보태평과 정대업도 그에 해당된다. 특히 세종은 자신의 조상들이 살아 있을 때에는 조선 음악을 듣다가 죽어서 제사를 받을 때에는 중국 음악을 들으니 이는 가당치 않다고 생각했다. 그래서 세종은 종묘제례에 써 볼 마음으로 본인이 직접 우리 음악을 바탕으로 보태평과 정대업을 만든 것으로 추정된다. 현 학계에서는 회례연에 쓸 목적으로 만들었다고 본다. 하지만 보태평과 정대업을 만든 세종의 뜻이 무엇이었는지에 관한 명확한 기록이 남아있지 않은 현재, 정황상 종묘제례악 사용을 염두에 두고 만들었을 가능성도 있다.

특히 『세종실록』에 쓰인 다음의 기록들이 보태평과 정대업의 창제목적이 반드시 회례악 용도만은 아니었음을 추측할 수 있게 해준다. 종묘제례악 사용을 염두에 두고 만들었을 가능성도 충분하다는 이야기이다.

우리나라는 본디 향악에 익숙한데, 종묘의 제사에 당악을 먼저 연주하고 삼헌(三獻)할 때에 이르러서야 겨우 향악을 연주하니, 조상 어른들이 평시에 들으시던 음악을 쓰는 것이 어떨지, 맹사성과 더불어 상의하라(세종 7년, 1425년 10월 15일).

아악은 본시 우리나라 음악이 아니고 실은 중국음악이다. 중국 사람은 평일에 이 음악을 들어 익숙할 것임에 제사에 연주하는 것이 마땅하나 우리나라 사람들은 살아생전에는 향악을 듣고 죽으면 아악을 아뢰니 어찌 된 일이냐(세종 12년, 1430년 9월 11일).

이제 신악이 비록 아악에 쓰이지는 못하지만 조종의 공덕을 형용하였으니 폐할 수 없는 것이다. 의정부와 관습도감에서 함께 이를 관찰하여 그 가부를 말하면, 내가 마땅히 손익(損益)하겠다(세종 31년, 1449년 12월 11일).

창제목적이야 어찌 되었든 보태평과 정대업은 기존에 있던 한반도의 고유음악과도 다르고 아악정비 사업 이후에 제정해 놓은 각종 아악(조회아악, 회례아악, 제례아악)과도 다른 그야말로 전혀 새로운 조선의 음악, 신악이었다.

– 종묘제례악의 아버지, 세조!

이렇게 작곡된 불후의 명곡은 세종 대에 종묘제례악으로 쓰이지 못했다. 이후에도 세종이 작곡한 이 새로운 음악에 신경을 쓰지 않은 탓에 단종 즉위(1452)년에는 정대업과 보태평을 배운 사람이 한두 사람밖에 없었다고 실록은 전하고 있다. 아마도 중화유일사상에 물들은 대신들의 반대로 말미암아 그렇게 됐을 것으로 추측된다. 이것을 안타깝게 여긴 인물은 세조였다. 세종이 지은 보태평과 정대업을 정식 종묘제례악으로 채택하여 빛을 보인 것은 그의 아들 세조가 한 일이다(10년, 1464년). 그래서 이 글의 제목을 '종묘제례악의 아버지, 세조'라 한 것이다.

세조는 세종에 가려서 그렇지 굉장히 뛰어난 군주였다. 그 역시 세종처럼 다방면에 출중한 재주를 가지고 있었다. 특히 세조는 성악과 음률에도 능통했다고 한다. 그리고 그는 조선의 어떤 왕보다도 자주적인 군주였기에 자신이 가장 존경하는 아버지가 작곡한 음악을 중국 아악을 대신해 종묘제례에 사용했을 것으로 추측해 본다. 그는 아버지가 작곡한 음악 중에서도 폐지되다시피 한 보태평과 정대업을 살려 이를 국가의 가장 중요한 의례인 종묘제례 때 사용하기 위해 큰 결단을 한다.

우선 세조는 세종이 만든 신악들이 장차 폐지될 것을 우려해 이전의 음악인 구악(舊樂)의 폐지를 명한다(6년, 1460년). 3년 뒤에는 아예 세종이 작곡한 보태평과 정대업을 종묘제향에 사용하기 위해 편곡을 단행한다(9년, 1463년). 아버지가 만든 보태평 11곡과 정대업 15곡을 각각 11곡으로 바꾸고 음계나 곡의 순서, 이름 등을 변경하면서 제례 절차에 맞는 음악으로 단장한 것이다. 게다가 앞서 보았듯이 궤식례, 철변두, 송신례에 맞는 음악(풍안지악, 옹안지악, 흥안지악)도 새로 만들었다. 그리고는 다음 해, 마침내 보태평과 정대업이 종묘제례 때 공식적으로 연주되는 역사적인 순간을 맞이한다(10년, 1464년). 이러한 세조의 일을 『세조실록』을 통해 직접 살펴보자.

> (상략) 세종께서 하늘이 내신 성지(聖智)로서 여러 악무를 제정하셨는데, 미처 이를 사용하지 못하셨다. 지금에 이르러 비록 문(文)을 숭상하고 무(武)를 연마하기에 겨를이 없다 하더라도, 이때에 거행하지 않는다면 후세에 장차 폐지하여 없앨 것이니, 어찌 애석하지 않겠는가?...(중략)...지금부터 정대업 · 보태평 · 발상 · 봉래의의 신악을 익히고 구악(舊樂)을 다 폐지하라(이하 생략)(세조 6년, 1460년 4월 22일).

> 임금이 세종이 지은 정대업 · 보태평의 악무의 가사 자귀(字句) 숫자가 많아서 모든 제사를 지내는 몇 사람 사이에 다 연주하기가 어려웠다. 때문에 그 뜻만 따라서 간략하게 짓고, 교천(郊天)의 악무도 아울러 정하였다. 이미 악무가 있었으나, 진찬하거나 변 · 두를 거두거나 송신하는 음악이 없었으므로, 최항 등이 청하니, 임금이 또 이를 지어서 최항에게 명하여 그 가사를 짓게 하였다(이하 생략)(세조 9년, 1463년, 12월 11일).

> 임금이 종묘에 친히 제사하였는데, 새로 만든 정대업 · 보태평의 음악

보태평지무 악보   정대업지무 악보
『세종실록』 138권, 출처: 조선왕조실록 홈페이지

을 연주하였고, 그 의식을 이러하였다...(중략)...집례가 말하기를, '음
악을 연주하라.' 하여, 헌가에서 보태평지악과 보태평지무를 행하고서
음악을 연주하기를 그친다...(중략)...등가에서 보태평지악을 연주하고
보태평지무를 춘다(이하 생략) (세조 10년, 1464년 1월 14일).

　세조가 보태평과 정대업을 공식 종묘제례악으로 채택한 1464년 이
후 이 음악은 지금까지 종묘대제에서 연주되고 있다. 현행 종묘제례악
은 세종 작곡 세조 편곡, 그러니까 아버지와 아들이 탄생시킨 음악인
것이다. 세조의 이러한 작업이 가능할 수 있었던 것은, 세종이 자신이
창작한 음악을 악보에 남겨 놓았기 때문일 것이다. 세종은 정간보를
창안하여 자신의 음악을 모두 악보로 남겼다. 이는『세종실록』에 부록
편처럼 첨부되어 있다.

본론 II

– 종묘대제 당일, 현장에서

1. 종묘대제 봉행 현장으로 들어가면서

이제 이 정도의 지식을 가졌으면 충분히 종묘대제를 보며 즐길 수 있다. 제사를 즐길 수 있다는 것은 어폐가 있지만 음악과 춤이 있기 때문에 그렇게 말해본 것이다. 실제로 현장에 있어 보면 장엄한 음악에 온몸이 짜릿해 오는 느낌을 받는다. 그러면 지금부터 종묘대제를 감상해보자. 앞에서 말한 대로 종묘대제의 그 생생한 현장감을 살리기 위해 필자가 직접 진행하는 모습을 그대로 보여줄 것이다. 직접 만든 대본을 가감하면서 재미와 유익을 동시에 추구하는 그런 설명을 시작하고자 한다.

곧 시작될 대본의 구성은 다음과 같다. 큰 틀은 홀기(笏記), 그리고 당일 사회를 맡은 여성 아나운서와 설명을 맡은 필자의 대화로 구성된다.

홀기는 낭독용 진행 순서를 적은 기록으로서 종묘대제의 의식을 진행하는 데 총감독 격인 집례가 각 순서를 알리며 부르는 한자말을 말한다. 예를 들면, '諸執事入就拜位'(제집사입취배위: 모든 집사는 절할 자리로 들어서시오)가 그것이다. 이 한자로 되어있는 홀기를 집례가 독특한 억양을 넣어 말하듯 부르는 것으로 종묘대제의 각 절차가 진행되는데 집례가 홀기를 부르는 행위는 창홀(唱笏)이라 한다. 본 대본에서는 이 홀기를 앞서 예를 든 문장처럼 한자, 음, 그리고 해석을 모두 적었다. 이것은 우리가 작업한 것은 아니고, 종묘대제에서 제공하는 각종 자료에 공개되어 있는 내용이다. 그런데 이것은 실제 현장에서 조금 다르게 진행되기도 하는데 본 대본에서는 최근 몇 년 간 종묘대제 현장에서 사용된 홀기를 정리하여 순서대로 담았다.

종묘대제에서는 집례가 한자 발음만 창하므로 관람객은 이게 무슨 뜻인지를 이해할 수 없을 것이다. 이에 주최 측에서는 당일 정전 안팎에 설치되어 있는 대형 화면을 통해 해설을 제공하고 있다. 물론 각 순서가 진행되는 모습 역시 생생하게 담긴다. 관람객들은 해당 장면의 중계와 홀기의 해설을 보면서 많은 도움을 받을 것이다.

여성 아나운서와 필자는 집례가 홀기를 부르는 사이사이에 등장한

창홀을 하고 있는 집례와 해설 화면

종묘대제 시작 전 집례와 호흡을 맞추는 필자

다. 물론 홀기와 홀기 사이의 시간을 철저하게 계산하여 만든 대본에 의해서 등장하는 것이다. 이것이 곧 앞으로 볼 대본인데 여기서는 편의를 위해 여성 아나운서는 '여'로, 설명을 맡은 필자는 '남'으로만 표시하였다. 필자와 여성 아나운서는 이 대본에 따라 각 순서에 대한 내용을 쉽게 이해할 수 있도록 풀어서 설명한다. 특히 제례 절차상 걸어가는 데 시간이 많이 소요되는 부분이 꽤 있는데 이런 부분에서는 해당 절차와 직접적인 관계가 없더라도 관객들의 지루함을 덜어주고자 종묘나 종묘대제와 관계된 부가 설명을 넣었다. 따라서 이 한 편의 드라마 같은 종묘대제를 한 번 '떼고' 나면 조선 사회에서 제사라는 것이 어떤 의미를 갖는지를 자연스럽게 알게 될 것이다.

특히 본 대본에서는 종묘대제 당일 시간에 쫓겨 삭제했던 원고도 살려 넣었고 사정상 넣지 못했던 이야기들도 넣어 현장에서 사용한 대본

보다 풍성한 원고가 되었다. 또한, 대본의 묘미를 살리기 위해 부가 설명 등을 삭제하지 않고 넣었다.

오늘은 드디어 올해 5월의 첫 번째 일요일이다. 지금은 오후 4시, 국제문화행사 유네스코 인류무형유산 종묘대제 공식 행사가 시작되기 30분 전이다.

2. 국제문화행사 유네스코 인류무형유산 종묘대제

4시, 종묘대제 시작 30분 전

사실 종묘대제의 공식 행사인 정전 제향의 시작 시간은 매년 고정된 것은 아니다. 2015년에는 4시 30분에 시작했고 2016년에는 2시에 시작했다. 어가행렬 역시 언제 진행하게 될지 예측이 어렵다. 공식행사의 시작 시간이나 어가행렬 진행 시간은 언제든지 또 바뀔 수 있을 것이다. 본 대본에 적은 시간은 책을 내기 위해 초고를 작성하던 시점에 따라 2015년의 것을 기준으로 삼은 것이다. 어떻든 매년 종묘대제 시작 30분 전, 사회석에서는 다음의 안내 멘트를 두 서 너 번 반복한다.

여: 안내 말씀 드리겠습니다. 잠시 후 4시 30분부터 국제문화행사 유네스코 인류무형유산 종묘대제 정전 제향이 거행됩니다. 종묘대제 는 이곳 종묘에서 조선왕조 역대 왕과 왕비의 신위를 모시고 드리는 제사입니다. 조선왕조 왕과 왕비의 신위는 이곳 정전과 또 다른 제향

공간인 영녕전에 나뉘어 모셔 있습니다. 그간 영녕전 제향은, 어가행렬 이전에 거행되었지만 2012년 종묘대제부터는 제례 중심의 제향 행사로서 엄격하고 경건한 제례의 본질을 구현하고자 영녕전 제향과 정전 제향을 모두 어가행렬 후에 거행하고 있습니다.

잠시 후 4시 30분부터는 이곳 정전에서 종묘대제가 해 질 녘까지 거행될 예정입니다. 오늘 오신 모든 참석자 여러분께서는 정숙하고 경건한 자세로 제례를 참관해 주시기 바랍니다.

종묘대제 시작에 앞서 양해의 말씀 드리겠습니다. 오늘 종묘대제는 현장중계를 위한 영상 촬영이 함께 진행될 예정입니다. 언론사 취재진의 전반적인 촬영이 자유롭지 못합니다. 정해진 포토라인 안에서만 촬영을 해주시기 바랍니다. 취재진 여러분의 이해와 적극적인 협조를 부탁드립니다. 아울러 오늘 오신 모든 참석자 여러분께서는 정면에 마련된 두 개의 대형화면을 통해 제공되는 각 절차의 진행 장면과 해설에 주목해주시면 감사하겠습니다.

종묘대제의 시작을 알리는 사회석(필자와 아나운서)

4시 30분, 드디어 종묘대제가 시작되다!

여: 안녕하십니까. 국제문화행사이며 세계문화유산인 종묘대제의 진행을 맡은 아나운서 ○○○입니다.

남: 이화여대 최준식입니다.

여: 오늘 진행되는 종묘대제에서는 여러분께 보다 의미 있는 참관이 되도록 종묘와 종묘대제에 대한 설명을 진행할 예정입니다. 설명은 이화여대 국제대학원 한국학과에 재직 중이신 최준식 교수님께서 맡아주시겠습니다.
종묘제례는 이곳 종묘에서, 조선왕조 역대 왕과 왕비의 신위를 모시고 드리는 제사입니다. 제례 가운데서도 그 규모가 크고 중요한 제사이기 때문에 '종묘대제(宗廟大祭)'라고도 합니다.

남: 아울러 종묘제례는 제향의식을 비롯해서 기악(樂)과 노래(歌), 그리고 춤(舞)이 어우러지는 세계적으로 유례가 드문 종합의례입니다. 이러한 종묘제례는 조선왕조는 물론이고 대한제국의 패망과 일제강점기에도 향을 올리는 등 그 명맥을 이어온 것으로 전합니다. 그러다가 광복 후에는 한국전쟁 등을 거치면서 단절될 위기에 있었습니다. 그러나 1969년에 조선왕실 종친부의 맥을 이은 '전주이씨 대동종약원'에 의해 복원되어 지금까지 매년 5월 첫 번째 일요일에 봉행하고 있습니다.

여: 종묘대제의 장엄함은 의식을 넘어서서 문화적 우수성과 예술성으로 이미 인정받은 바 있습니다. 현재 종묘제례는 중요무형문화재 제 56호로, 종묘제례악은 제 1호로 지정되어 있습니다. 2001년에는 종묘제례와 종묘제례악이 유네스코 '인류구전 및 무형유산 걸작'으로 선정되면서 그 우수성과 독창성을 세계에 널리 알리고 있습니다. 문화재청과 한국문화재재단이 주최하고 종묘대제봉행위원회가 주관하며, 문화체육관광부, 서울특별시, 국립국악원, 한국관광공사가 후원하는 이번 종묘대제를 통해 유교문화의 핵심가치인 '예'와 '악'의 정신이 담긴 조선 시대의 국가의례를 만나볼 수 있습니다.

오늘 종묘대제에 많은 분이 참석해 주셨는데요, 오신 모든 분께 감사드립니다. 시작에 앞서, 오늘 종묘대제를 주관하는 종묘대제 봉행위원회 〈○○○위원장님〉의 봉행사가 있겠습니다.

(○○○ / 종묘대제 봉행위원장의 봉행사)

여: 종묘대제 봉행위원회 ○○○위원장님의 봉행사였습니다. 이어서, 문화재청 ○○○청장님의 인사말이 있겠습니다.

(○○○ / 문화재청장의 인사말)

여: 문화재청 ○○○청장님의 인사말이었습니다.

오늘 종묘대제의 초헌관은 대한제국의 황사손이신 '이○○'님께서 맡으셨으며 집례는 중요무형문화재 제56호 종묘제례 보유자인 '○○○'님께서 맡으셨습니다. 악사장은 중요무형문화재 제1호 종묘제례악

보존회의 'ㅇㅇㅇ'님이, 그리고 일무지도는 일무 전수 교육조교인 'ㅇ
ㅇㅇ'님이 맡아주셨고 등가 집박은 'ㅇㅇㅇ'님, 헌가 집박은 'ㅇㅇㅇ'님
이 맡아주셨습니다.

그럼 지금부터 국제문화행사 유네스코 인류무형유산 종묘대제를 거
행하겠습니다. 모든 참석자 여러분께서는 정숙하고 경건한 자세로
참관해 주시기 바랍니다.

4시 42분, 취위 절차가 시작되다.

1) 취위

남: 오늘 종묘대제는 종묘대제의 시작을 알리는 취위부터 진행됩니
다. 신을 맞이하는 첫 번째 의식이기도 한데요, 취위는 제향 의식을
본격적으로 시작하기 전에 종묘대제에 참여하는 모든 제관들, 음악
을 담당하는 연주자와 무용수들, 그리고 집사들이 차례로 각자가 맡
은 자리로 가서 서는 절차를 말합니다.

여: 취위 절차를 진행하는 데에는 약 30분 정도가 걸리는데요, 여러분
들께서는 성숙한 관람 의식을 가지고 참관해 주시면 감사하겠습니다.

남: 네. 지금 취위 절차가 진행되는 가운데 오늘 종묘대제에 참여하
는 제관들이 행렬을 하고 있습니다. 취위의 진행 순서를 간단하게 설
명해 드리면요, 먼저 제관들이 들어옵니다. 제관들이 전사청(제사에
올릴 음식을 준비하는 곳)에서부터 이곳 정전의 넓은 마당인 하월대

동편에 서는 데에는 약 10분이 걸립니다. 제관들이 하월대에 모두 서게 되면 축함을 모시는데요, 황색 보자기에 싼 축함은 남쪽에 있는 신문(정전의 정문)으로 들어와 중앙의 신로를 거쳐 제 1실로 모시게 됩니다. 축함을 모시고 나면 오늘 종묘대제를 진행할 집례가 오른쪽 계단으로 올라가 중앙에 마련된 자리로 갑니다. 그 다음부터는 집례의 안내에 따라 악사와 무용수들이 입장하고, 이어서 집사들이 동쪽에 마련된 전용 계단으로 올라가 각 신실의 정해진 위치에 서게 되지요. 끝으로 조상들의 신주를 내어 모시고 나면 취위 절차는 모두 마무리가 됩니다.

여: 네. 지금 여러분께서는 제관들이 전사청을 출발하여 하월대에 마련된 자리로 가서 서기 위한 행렬을 보고 계시는데요, 보시다시피 참여 인원이 워낙 많습니다. 그래서 제례에 참여하는 제관과 악사, 집례와 집사들이 제 자리에 서는 데에는 적지 않은 시간이 걸립니다. 취위 절차는 앞으로도 약 20분 정도가 더 걸릴 예정입니다. 그래서 그 동안 여러분들께 종묘와 종묘제례에 대한 간략한 설명을 해 드리고자 합니다. 교수님, 우선 이 종묘가 어떤 곳인지부터 말씀해 주시죠.

남: 네. 조선시대에는 종묘와 사직을 아울러서 '종사'라고 부르면서 종묘와 사직이 국가의 운명을 상징한다고 여겼습니다. 그중에서 종묘는 조선 왕실의 사당인 동시에 국가의 사당이었습니다. 다시 말해 종묘는 역대 왕과 왕비, 그리고 왕은 아니었지만 후대에 왕으로 추존된 분들의 신위를 모시고 그 분들께 제사를 올리는 곳입니다. 국가의 종교가 유교였던 조선왕조에서 종묘는 궁궐과 더불어서 매우 중요한

사회석에서 바라본 취위

제향 공간으로 들어선 일무원

공간이었죠.

여: 네. 종묘는 건축학적으로도 세계적인 가치를 인정받았습니다. 지난 1995년에 유네스코 세계문화유산으로 등재됐죠. 주목되는 점은 종묘에서 거행하고 있는 종묘제례와 종묘제례악 역시 세계유산이라는 사실인데요, 이는 지난 2001년에 유네스코 인류무형유산에 등재되었습니다. 같은 곳에 이렇게 두 개의 세계유산이 공존해 있는 것은 세계적으로도 매우 드문 일이라고 하죠. 더욱 놀라운 사실은요, 이게 500년 이상 살아있는 형태로 전하고 있다는 점입니다. 그렇다면 교수님, 종묘제례는 한 마디로 어떻게 설명할 수 있을까요?

남: 네, 종묘제례는 조선의 역대 왕과 왕비의 신주를 모신 종묘에서 봉행되는 제례입니다. 종묘제례는 조선시대에는 왕이 직접 주관하는 국가의 가장 큰 행사 가운데 하나였는데요, 한 마디로 종합의례라고 할 수 있습니다. 왜냐하면요, 종묘제례는 엄격한 제사 의식과 더불어서 음악을 갖추고 행하기 때문입니다. 여기서 음악이란, 우리가 생각하는 일반적인 음악과는 조금 다른 의미를 지닙니다. 종묘제례악에는 악가무 즉, 악기 연주, 노래, 그리고 춤이 모두 포함되기 때문입니다. 그러니까 종묘제례는 조선의 역대 왕과 왕비의 신주를 모신 종묘에서 제사의식과 악가무를 갖춰서 올리는 나라의 큰 제사였습니다.

여: 그렇군요. 지금 한창 신을 맞이하기 위한 첫 번째 의식인 취위라는 절차가 진행되고 있습니다. 이제 제관들은 하월대에 모두 자리를 했습니다. 지금은 제 1실에 모실 축함이 중앙의 신로를 따라 엄숙하

게 들어오고 있습니다. 축함은 황색 보자기에 싸여 있는데요, 정전의 정문인 남쪽에 난 신문을 통해 들여와 제 1실까지 정성을 다해 모셔집니다.

남: 축함을 제 1실에 모시고 나면 오늘 종묘대제를 진행할 집례가 들어옵니다. 집례는 동쪽에 있는 계단을 올라 정전 상월대 중앙에 마련된 자리로 가게 되지요. 본격적인 종묘대제는 집례가 부르는 홀기라고 하는 한자로 된 의식 순서에 따라 진행됩니다. 집례가 홀기를 부르는 것을 창홀이라고 합니다. 종묘대제에서 집례의 창홀은 음악을 담당할 악사와 무용수들에게 제 자리로 나아가라는 말부터 시작됩니다.

여: 그렇습니다. 종묘대제는 집례의 창홀에 따라 진행되는데요, 여러분들께서는 잠시 후부터 나올 집례의 창홀에도 귀 기울여주시기 바랍니다. 아울러 이 창홀은 한자말로 되어 있는 관계로 다소 어려울 수 있겠습니다. 여러분께서는 대형 화면에 제공되는 자막 해설을 보면서 관람하시기 바랍니다.

원래는 이처럼 취위부터가 종묘대제의 시작이다. 그런데 2015년과 2016년에는 이 순서를 공식 시작 30분 전에 미리 진행을 했다. 취위가 종묘대제 전체 가운데 가장 긴 순서라서 그렇게 한 것 같다. 이는 원래의 모습은 아니지만 진행의 묘를 살린 어쩔 수 없는 일일 것이다. 본 대본에서는 원래 방식대로 취위부터 시작하기로 한다.

(불창)[3]

執禮贊儀先拜就位(집례찬의선배취위)

집례와 찬의는 먼저 절하고 봉무 위치로 나아간다

(이후 집례의 창홀로 진행)

樂師率樂員佾舞員入就位(악사솔악원일무원입취위)

악사장은 악사와 일무원을 거느리고 봉무할 자리로 나가시오

여: 앞서 말씀드렸듯이 종묘대제는 제사의식과 더불어서 음악을 갖
추고 행하는 종합의례입니다. 조금 전 '봉무할 자리로 나아가라'는 집
례자의 창홀에 따라 지금 음악을 담당할 악사들과 무용수들이 제 위
치로 들어서고 있습니다.

남: 음악을 연주하는 악단은 정전의 댓돌 위인 상월대와 댓돌 아래
의 넓은 마당인 하월대로 나뉘어서 배치됩니다. 그리고 무용수들의
자리는 하월대 서쪽 영역입니다. 악사들이 모두 자리를 하면 이번에
는 집사들이 제 자리로 가는데요, 모든 집사들은 절할 자리로 들어와
신위를 향해 네 번의 절을 올리고 손을 씻은 후에 동쪽 계단을 올라
각자가 맡은 신실로 가서 서게 됩니다.

諸執事入就拜位(제집사입취배위)

모든 집사는 절할 자리로 들어서시오

---

3) 이 첫 번째 홀기는 부르지 않기 때문에 '불창'이라 적었다.

취위 순서에서 국궁사배하는 제관들(2015)

관세위에서 손을 씻고 있는 집사들

諸執事搢笏(제집사진홀)

모든 집사는 홀을 꽂으시오

鞠躬四拜興平身(국궁사배흥평신)

무릎을 꿇고 네 번 절하고 일어서시오

(제집사 국궁)

(배, 흥 / 배, 흥 / 배, 흥 / 배, 흥)

執笏(집홀)

홀을 잡으시오

贊儀引諸執事詣盥洗位洗訖(찬의인제집사예관세위세홀)

찬의는 모든 집사를 관세위로 인도하여 손을 씻게 하시오

여: 조금 전 오늘 제례를 진행할 집사들이 네 번의 절, 즉 국궁사배를 올렸습니다.

남: 국궁(鞠躬)이란 신위 앞에서 존경의 뜻으로 몸을 굽히는 것을 말하는데요, 우선 집사들은 신실 앞에 오르기 전에 국궁이라는 호명에 따라 일제히 무릎을 대고 절 할 준비를 했습니다. 그리고 '배'라는 구호에 따라 구부리고 '흥'이라는 구호에 펴기를 4번 반복했는데요, 이것이 바로 국궁사배입니다.

황사손이 손을 씻는 관세위

집사들이 손을 씻는 관세위

여: 종묘대제의 효율적인 관람을 위해서 이곳 정전 제향에 참여하고 있는 분들의 배치 상황을 잠시 설명해 드리겠습니다. 정전을 정면으로 바라보고 있는 시선에서 말씀드리겠습니다. 우선 왼쪽이 서쪽, 오른쪽이 동쪽입니다. 제일 왼쪽에 있는 서쪽 신실이 태조 이성계를 모신 제 1실입니다. 모든 제관이 신실에 오르고 내릴 때에는 동쪽 끝에 있는 계단을 이용하게 됩니다. 그리고 정전에는 두 개의 월대가 설치되어 있습니다. 계단 위가 상월대, 계단 아래 넓은 공간이 하월대입니다. 하월대의 가운데에 난 신로를 중심으로 왼쪽에는 무용수들이, 오른쪽에는 제관들이 자리하고 있습니다. 마지막으로 악단은 상월대와 하월대 이렇게 두 군데로 배치되어 있습니다. 그런데 상월대 악단과 하월대 악단은 중앙 계단과 신로를 중심으로 벌어서 배치되어 있습니다. 끝으로 저희가 있는 사회석은 제관들이 위치한 동쪽 하월대의 끝에 있습니다.

남: 네. 지금 하월대의 동쪽에 서 계신 집사들이 신실로 올라가기 위해 찬의의 인도로 손을 씻는 대야가 놓인 관세위로 가서 손을 씻고 있습니다.

여: 교수님, 손을 씻는 것은 어떤 의미가 있을까요?

남: 네, 집사들이 손을 씻는 것은 제례를 지내기 전에 몸을 청결히 한다는 의미가 있습니다. 집사들은 대야에 손을 담갔다 뺀 후에 곧바로 동쪽 계단으로 올라가서 각자가 봉무할 자리에 서게 됩니다.

諸執事陞自東階各就位(제집사승자동계각취위)
모든 집사는 동쪽 계단으로 올라가 각자 봉무할 자리로 가시오

　지금부터 집사들이 봉무할 자리로 가는 데는 약 10여 분의 시간이 걸린다. 이것은 우리에게 기회다. 본격적인 제례가 시작되기에 앞서 종묘와 종묘제례에 대한 기본적인 설명을 여유 있게 할 수 있는 시간이기 때문이다. 우리는 취위 상황을 지켜보면서 다소 긴 시간이 필요한 종묘 건축과 종묘제례악에 대한 설명을 나누기로 한다.

　여: 앞서 말씀드린 대로 종묘대제는 제사 규모가 매우 방대하고 엄격한 관계로 모든 집사들이 제 자리로 위치하는 데는 적지 않은 시간이 걸리는데요, 지금부터 약 10분 정도가 더 소요될 예정입니다. 그동안 오늘 오신 여러분들의 관람에 도움이 되고자 종묘와 종묘대제에 대한 설명을 해드릴까 합니다. 여러분들께서는 대형화면을 통해 이 취위 절차가 진행되는 장면을 보시면서 설명에도 귀 기울여 주시면 감사하겠습니다.

(종묘의 건설)

　여: 여러분들은 혹시 서울의 궁궐 건축 가운데 가장 먼저 지어진 건축물이 무엇인 줄 아십니까? 바로 이곳 종묘입니다.

　남: 네, 맞습니다. 조선을 건국한 태조 이성계는 이 종묘 건축을 매우 중요하게 생각했습니다. 수도를 한양으로 옮기고 나서 한양에 도읍

지를 정하자마자 왕실 건물 가운데 궁궐인 경복궁보다도 이곳 종묘 건축을 먼저 시작하고 완공했습니다. 태조는 1394년 10월에 종묘를 짓기 시작하여 다음 해인 1395년 9월에 완공했습니다. 그래서 종묘 는, 서울의 궁궐 건축 가운데 가장 먼저 지어진 건축물이라는 오랜 역사를 간직하게 되었습니다. 게다가 잘 아시다시피 임진왜란 때 종 묘를 포함한 한양에 있던 모든 궁궐이 전소되지 않았습니까? 그런데 조선 조정은 이때에도 경복궁 같은 궁의 건물보다도 종묘를 먼저 복 구했습니다.

여: 이런 사실들을 통해 조선조가 얼마나 종묘를 중시했는지 알 수 있겠습니다.

(종묘의 공간 구분)

여: 지금 제사에 참여하는 모든 분이 정해진 자리로 나아가는 '취위' 절차가 진행되고 있습니다. 그동안 종묘에 대한 설명을 계속 나눠보 도록 하겠습니다. 종묘 건축물에 대한 이야기로 이어갈까 하는데요, 종묘가 유네스코 세계문화유산이 될 수 있었던 것은 무엇보다도 종 묘의 건축물들이 동북아시아의 보편적인 세계관이었던 유교의 국 가적 의례를 담을 수 있게 설계됐다는 사실 때문이겠죠.

남: 네, 맞습니다. 게다가 종묘 건물에서 지내는 유교적 의례는 중국 에서 유래했음에도 불구하고 현재 한국만이 원형을 유지하고 있다는 점에서 전 세계적으로 주목을 받고 있습니다. 종묘의 건물들은 이처

럼 유교적 의례를 담을 수 있다는 점에서 큰 인정을 받은 것이지만 그 자체만으로도 세계적으로 높은 평가를 받을 수 있는 수준의 것입니다.

여: 종묘에서 가장 중요한 공간은 제사를 드리는 공간이겠죠?

남: 물론입니다. 종묘는 크게 보면 두 개의 공간, 즉 제사를 드리는 공간, 그리고 제사를 준비하는 공간으로 구성되어 있습니다. 이 중에서 가장 중요한 공간은 제사를 드리는 공간입니다. 여기에는 정전, 영녕전, 공신당, 칠사당 영역이 포함됩니다. 그중에서도 가장 핵심적인 공간은 조선왕조 역대 왕과 왕비의 신위를 모시고 제를 올리는 정전과 영녕전입니다. 게다가 이 두 곳은 한국의 고건축 가운데에서도 빼어난 위용과 가치를 인정받아 정전은 국보 227호에, 영녕전은 보물 821호로 지정되어 있습니다.

여: 특히 지금 제례가 진행되고 있는 정전은 가히 압권입니다. 참으로 장엄한 건물인데요, 우리나라에서 과거나 현재를 막론하고 가로

길이가 100m에 달하는 장엄한 정전 건물(우리나라에서 가장 긴 건물)

로 이렇게 긴 건물은 없습니다. 게다가 이 정전 건물은, 경복궁 근정전과 같이 화려한 단청을 한 궁궐 정전과는 다르죠. 장대하지만 화려한 채색을 하지 않아서 엄숙하고 신성한 느낌마저 듭니다.

남: 네, 잘 보셨습니다. 정전은, 물론 영녕전도 마찬가지입니다만, 최고의 격식을 갖춘 장대한 건물이긴 하지만 화려한 단청으로 채색하지는 않았습니다. 장식이나 기교 역시 가능한 한 절제했음을 알 수 있죠. 그 이유는 종묘라는 공간이 제사를 지내는 사당인 관계로 단조롭고 엄숙하고 신성하게 보이려는 의도로 만들었기 때문일 겁니다.

여: 그렇군요. 그런데 이곳 정전 영역에는 작은 사당 두 곳도 함께 있지요?

남: 네. 맞습니다. 이 정전 영역에는 정전 건물과 마주 보고 있는 공신당과 칠사당이라고 하는 건물이 있습니다. 이곳에서도 종묘제례를 올릴 때 함께 제사를 지냅니다. 원래는 중요성이 크지 않았기 때문에 정전 밖에 있었다고 하는데요, 안팎으로 제를 올리는 것을 번거롭게

여겨 공신당과 칠사당을 이렇게 정전 영역 안으로 들였다고 합니다. 물론 정전 영역에서 가장 바깥쪽이면서 월대 위가 아닌 바닥에 건축되어 있습니다.

여: 공신당은. 정전을 정면으로 바라보고 계시는 관람객들의 뒤편 오른쪽에 있습니다. 여기에는 이황이나 이이, 한명회 같은 기라성 같은 신하 83위가 모셔져 있는데요, 정전에 모셔 있는 왕들을 보필하면서 국정 운영에 공로가 큰 신하들을 모신 사당입니다. 창건 당시에는 5칸짜리 건물에 불과했지만 왕의 수가 늘어남에 따라 공신들 역시 많이 나왔기 때문에 지금과 같이 16칸의 매우 긴 건물이 되었습니다. 그리고 칠사당은 토속신을 모시는 사당입니다. 공신당보다 규모가 더 작은 사당인데요, 역시 정전을 정면으로 바라보고 있는 방향에서 보면 뒤편 왼쪽에 있습니다.
종묘에는 이렇게 제사를 드리는 공간과 더불어 또 다른 공간인 제사를 준비하는 공간도 있습니다. 이번에는 그 건물들을 살펴볼까요?

남: 네. 제사를 준비하는 공간에는, 지금은 주로 어숙실로 불리는 재궁(齋宮)과 향대청, 악공청, 전사청이 있습니다. 이 건물들은 여러분들이 이곳 정전으로 걸어오면서 보셨을 겁니다. 먼저 어숙실은 임금이 제사를 준비하기 위해 옷을 갈아입거나 목욕을 하는 곳이었습니다. 그리고 향대청은 왕이 친히 내린 향이나 축문, 폐백 등 제사 예물을 보관하던 곳이었죠. 또한 악공청은 종묘제례악을 담당하는 악사들이 대기하고 있던 장소로 정전의 서쪽에 위치하고 있습니다. 마지막으로 전사청은 정전의 동쪽에 있는 건물로 제사에 올릴 음식, 즉

제수를 준비하는 곳입니다.

여: 그런데 이 종묘에는 이렇게 건물들만 있는 것이 아니라고요.

남: 그렇습니다. 여러분들도 아마 종묘를 둘러보면서 보셨으리라 생각되는데요. 건물과 건물 사이에는 선왕의 혼령뿐만 아니라 왕이나 세자처럼 제사를 지내는 사람이 다닐 수 있는 독특한 길들이 놓여있습니다. 평상시에도 이 길들은 함부로 밟기가 꺼려집니다만 오늘 같은 종묘대제가 거행되는 날에는 아예 관람객에게 허용이 되지 않습니다. 이 길들은 세 영역으로 구분되어 놓여있기 때문에 삼도라 이르는데요. 신이 다니는 신로(중앙), 또 왕이나 세자처럼 제사를 지내는 사람이 다닐 수 있는 길인 어로(오른쪽)와 세자로(왼쪽)가 바로 그것입니다.

여: 이 신로, 어로, 세자로는 제례를 보다 엄숙하게 지낼 수 있도록 그 자체나 동선 구성이 매우 주도면밀하게 디자인되어 있지요.

남: 네. 그렇습니다. 특히 지나치다 싶을 정도의 거친 돌들이 깔려있는데요. 이것은 사실 제사 지내는 동안에는 걸음걸이를 천천히 하면서 마음을 여미고 삼가라고 조언하는 의미를 담은 것이라 할 수 있죠. 우리나라에만 있는 특별한 건축적 장치입니다.
아마 왕을 비롯한 제관들은 울퉁불퉁한 발밑의 길을 보면서 자연스럽게 조상들을 숭앙하는 마음을 가지며 자기를 낮추는 겸양의 마음을 취하게 되었을 것 같습니다.

(정전과 영녕전이 오늘의 위용을 갖추기까지)

여: 수 많은 집사들이 정전 댓돌 위에 있는 각자가 봉무할 자리로 위치하는 데 적지 않은 시간이 걸리고 있습니다. 계속해서 종묘와 종묘대제를 이해하는 데 도움이 될 만한 이야기들을 나눠보겠습니다.

관람석에 계시는 여러분들께서는 혹시 이 정전의 길이가 가늠이 되시는지요. 길이가 무려 100m에 달합니다. 동양에서 가장 긴 목조 건축물 중에 하나라고 하는데요, 현재 국보(제227호)로 지정되어 있습니다. 정전의 신실은, 벌써 세 보셨는지 모르겠습니다만, 모두 19칸입니다. 또한 별묘인 영녕전은 정전보다 3칸이 적은 16칸의 신실을 갖춘 건축물인데요, 역시 건축학적인 가치가 뛰어난 관계로 보물(제821호)로 지정되어 관리되고 있습니다. 그런데 정전과 영녕전은 처음부터 이렇게 장대한 규모는 아니었다고 합니다. 특히 태조가 종묘를 창건한 당시에는 영녕전은 아예 건설되지 않았습니다. 사실 이 정전과 영녕전이 오늘에 이르기까지는 매우 특별한 이야기가 깃들어 있습니다.

남: 네, 맞습니다. 정전과 영녕전은 창건과 재건, 그리고 몇 번의 증축 과정을 거쳐서 현재의 모습을 갖추게 된 것입니다. 현재의 모습은 19세기 초반이죠, 헌종 때 완성을 본 형태입니다(1836년, 헌종 2년).

여: 그러면 정전과 영녕전이 최초에 어떻게 건설되고 또 증축되어서 현재의 이 장대한 규모가 되었는지 그 과정을 정리해 보는 것도 의미가 있겠는데요, 교수님, 정전과 영녕전이 어떻게 해서 오늘의 위용을 갖추게 되었는지요.

남: 네. 먼저 태조 이성계는, "천자(天子)는 7묘(廟), 제후(諸侯)는 5묘"라는 중국 제도에 따라 5칸의 신실과 좌우의 익랑이 각각 2간씩인 7간(間) 규모의 정전을 창건합니다(1395년). 그리고 여기에 자신의 4대 선조를 왕으로 추존하여 모셨습니다(목조, 익조, 도조, 환조). 벌써 4칸이나 채워졌죠?

여: 그러네요. 조상 신위를 모실 신실은 5칸뿐이니 한 칸 밖에 남지 않았네요. 거기에는 당연히 태조 이성계의 신위를 모셨겠지요. 그렇다면 이후의 왕들은 신실 부족 문제를 어떻게 해결했을까요?

남: 네. 첫 번째 신실 부족 사태는 세종 대에 이르러 발생했습니다. 세종 즉위년 당시 선대왕인 정종, 태종이 모두 살아계셨는데, 1419(세종 1)년, 정종이 승하하자 그 신위를 모실 신실이 없었습니다. 5칸의 신실은 이미 태조와 태조의 4대조의 신위로 꽉 차 있었기 때문이죠. 세종은 이 문제를 해결하기 위한 논쟁 끝에 결단을 내립니다. 중국 송나라 때 별묘(別廟)를 지어 추존왕들을 봉안했다는 예를 참고하여 별묘를 신축하기로 하고 정전에 모신 태조의 4대조를 옮겨 모시기로 한 겁니다. 어차피 그들은 선왕이 아니었기 때문에 그렇게 한 것 같습니다.

여: 별묘의 위치는 정전과 가까운 서쪽 터로 정하고 칭호는 조종과 자손이 함께 편안하기를 기원하는 뜻에서 영녕전(永寧殿)이라 지었습니다. 이렇게 하여 마침내 1421(세종 3)년 새로운 사당인 영녕전이 완공되기에 이른 겁니다.

남: 영녕전은 창건 당시 6칸짜리 건물로 지어졌습니다. 정전보다는 규모가 작고 친근하게 지어졌는데요, 구체적으로 보면 가운데에 4칸을 세우고 좌우에 협실을 각각 1칸씩 둔 구조였습니다. 특히 가운데 4칸은 지붕이 높게 솟아있고 이 4칸과 좌우 협실 사이는 벽으로 구분되어 있었습니다. 세종은 바로 이 가운데 4칸에다가 정전에 모셨던 4위의 신위, 즉 태조의 4대 조상인 목조, 익조, 도조, 환조의 신위를 옮겨 모심으로써 종묘(정전)의 신실 부족 문제를 해결하게 됩니다.

여: 그런데 조선왕조가 지속됨에 따라 모실 신위도 늘어나게 됩니다. 그래서 정전과 영녕전은 모두 증축이 불가피한 상황을 맞게 되는데요, 그 증축 과정을 살펴보겠습니다.

남: 네. 먼저 명종 때, 16세기 중반이죠, 정전과 영녕전이 꽉 차게 됩니다. 이에 조선 정부는 정전의 증축을 결정하고 최초 7칸이었던 정전을 11칸으로 늘입니다. 정전이 옆으로 뻗어 나가기 시작한 것이죠. 그러면서 몇 가지 봉안의 원칙도 정합니다. 예를 들어서 '현재 왕으로부터 5대 이상이 되면 원칙에 따라 정전에서 영녕전으로 옮긴다. 그러나 태종이나 세종처럼 공덕이 뛰어난 왕의 위패는 불천위(不遷位)로 지정해서 옮기지 않는다. 아울러 세자였지만 왕이 되지 못하고 세상을 떠난 선조들도 추존해서 왕으로 봉안한다'와 같은 원칙이 정해진 겁니다. 이런 신위 배분 법칙은 조선말까지 유효하게 지속되었습니다.

여: 하지만 종묘는 1592년 임진왜란 때, 안타깝게도 다른 궁궐들과 함께 전소됩니다. 종묘를 복구하는 데 적지 않은 시간이 걸렸을 텐데요,

남: 네. 종묘는 임진왜란이 끝난 후 약 16년 만인 광해군 원(1608)년 에 복구됩니다. 종묘가 처음으로 건설될 때에도 다른 궁궐들보다 먼 저 건축되었듯이, 조선 왕실은 궁궐 건물들을 복구할 때에도 종묘를 가장 먼저 재건했습니다.

여: 조선왕조에서 종묘가 얼마나 중요한 위치를 차지하고 있었는지 를 새삼 확인하게 됩니다. 그렇다면 광해군은 정전과 영녕전을 어떤 규모로 복구했을까요?

남: 네. 우선 정전의 경우에는, 불타기 이전과 똑같은 11칸 건물로 재건합니다. 반면에 영녕전은 신실을 늘여서 복구를 하는데요, 영녕 전은 임진왜란으로 불타기 전까지는 세종 창건 당시의 모습 그대로 인 6칸 규모를 유지하고 있지 않았습니까? 하지만 광해군은 10칸의 신실을 갖춘 건물로 규모를 확장해서 복구합니다. 건축 방식은 이전 과 마찬가지로 가운데 4칸을 기준으로 하여 좌우에 익실을 각각 3칸 씩 붙였습니다.

여: 그렇군요. 하지만 이후에도 모실 신위가 계속해서 늘어났기 때문 에 정전과 영녕전은 또 다시 증축해야 하는 상황을 맞습니다.

남: 네. 정전과 영녕전은 광해군 이후 세 번의 시기를 거쳐 증축되면 서 현재의 모습이 되었습니다. 첫 번째 시기는 17세기 후반인 현종 (1667년) 때로 영녕전을 증축합니다. 두 번째 시기는 18세기 초반 영 조(1726년) 재위 때로 이번에는 정전을 증축합니다. 그리고 마지막

세 번째 시기는 지금으로부터 180년 전인 헌종(1836년) 때로 정전과 영녕전이 동시에 증축됩니다.

여: 약 60년에서 100년 간격으로 정부가 대대적인 증축 공사를 진행한 것이군요. 정전과 영녕전 입장에서 보면 각각 두 번씩 증축된 형국입니다.

남: 맞습니다. 그 과정을 간략하게 보면요, 우선 현종 때 영녕전을 증축하는데, 좌우에 익실을 각각 1칸씩 덧붙여서 12칸의 건물로 만들었습니다. 그로부터 60여 년이 흐른 영조 때, 이번에는 정전을 증축합니다. 4칸을 늘였는데요, 이로써 당시 11칸이었던 정전은 15칸짜리 건물이 됩니다. 정전은, 영녕전과 같이 가운데 솟은 부분이 없기 때문에 익실이 아닌 신실을 늘여가는 형식으로 증축되었습니다.

여: 그래서 중간에 단절이 없는 장중한 건물이 되었군요. 이렇게 해서 18세기 초반, 정전은 15칸, 영녕전은 11칸이 되었습니다. 이 규모는 이후 110년 동안 유지되었습니다. 그러다가 정전과 영녕전의 마지막 증축, 그러니까 현재의 모습이겠죠, 이것은 앞서 19세기 초반에 두 곳에서 동시에 이루어졌다고 하셨는데요.

남: 네. 그렇습니다. 1836년, 헌종 재위 시에 정전과 영녕전이 모두 증축되면서 두 건축물은 현재와 같이 완성됩니다. 우선 당시 15칸이었던 정전은 신실 4칸을 증축하면서 19칸이라는 거대한 건축물이 되었습니다. 그런데 정전을 보시면요, 신실 이외에도 좌우에 익실이

각각 2칸씩 배치되어있고요, 동서 월랑(月廊)이 각각 5칸씩 배치되어 있는 것을 알 수 있습니다. 규모가 엄청나지요? 정전의 하월대 역시 가로가 약 110m, 세로가 약 70m에 달합니다.

여: 정전이 얼마나 장대한 건물인지를 가늠해 볼 수 있겠습니다. 그러면 영녕전은 어떻게 증축이 되었나요?

남: 네, 12칸이었던 영녕전은 좌우 익실을 각각 2칸씩 증축함으로써 16칸이라는, 역시 규모가 큰 건물이 완성되기에 이릅니다.

여: 지금까지 살펴본 것처럼 종묘의 핵심 건축물인 정전과 영녕전은 처음부터 지금과 같은 장엄한 규모가 아니었습니다. 크게 볼 때 네 번의 시기, 즉 광해군, 현종, 영조, 헌종 대에 행해진 복원 건설과 증축 과정을 거쳐 완성된 것이었습니다. 현재 정전에는 조선 시대 왕과 왕비 마흔아홉 분의 신위를 모시고 있고요, 영녕전에는 서른네 분의 신위를 모시고 있습니다. 조선왕조 500여 년의 역사가 바로 이곳에 고스란히 깃들어 있음을 알 수 있습니다.

(종묘제례악에 대해)

여: 지금 종묘대제의 첫 순서인 취위가 진행되고 있습니다. 제관들이 제 자리로 서는 데 시간이 조금 더 걸릴 것 같은데요, 이야기를 좀 더 나눠보겠습니다. 교수님, 종묘제례는 우리가 가정에서 지내는 제사와 어떻게 다른지요?

사회석에서 바라본 취위 진행 상황(2013)

남: 네, 종묘제례는 일반적인 가정에서 지내는 제사와는 규모나 격식 면에서 크게 다릅니다. 그중에서도 가장 큰 차이가 있습니다. 바로 제례가 진행되는 동안 음악과 춤이 행해진다는 사실입니다. 종묘제례는 '예'가 주가 되는 행사입니다만 여기에 악기 연주, 노래, 그리고 무용, 이렇게 악가무가 총체적으로 어우러진 의례라는 점에서 일반 가정 제사와 크게 구분됩니다. 종묘제례에서는 노래는 '악장'이라 이르고 춤은 '일무'라 이릅니다.

여: 그렇습니다. 종묘제례 때 행해지는 이 악가무를 총칭해서 종묘제례악이라고 하죠. 이 종묘제례악은 종묘제례와 더불어 2001년도에 유네스코 세계무형문화유산으로 등재되었을 뿐만이 아니라 진즉에 우리나라 중요무형문화재 제 1호로 지정되어있는데요, 우리의 귀중

한 왕실 제례음악이기도 하지만 전 세계에서 우리나라만이 소지하고 있는 음악이기 때문에 그 가치는 더욱 크다고 하겠습니다. 그렇다면 이 종묘제례악은 누가 언제 만든 곡인가요?

남: 네. 현행 종묘제례악은 세조 10년, 그러니까 1464년에 공식 종묘제례악으로 채택된 이래로 550여 년간을 이어오고 있습니다.

여: 세조 대부터 채택되어 전하고 있는 것이군요.

남: 그렇습니다. 그런데 무엇보다도 주목되는 사실은 이 종묘제례악이 세종과 세조의 합작품이라는 것입니다. 세종은 현 종묘제례악의 모태를 제공한 분입니다. 그러니까 종묘제례악은 세종께서 작곡하신 것입니다. 그리고 세조는 세종이 작곡해 놓은 그 음악들을 제례 절차에 맞게끔 편곡하여 정식 종묘제례악으로 채택한 인물이지요.

여: 그렇군요. 조선 왕실의 핵심 음악인 종묘제례악을 세종이 작곡했다는 말씀도 오늘 처음 들었고 그것을 세조가 편곡하여 정식 종묘제례악이 되었다는 이야기도 처음입니다. 종묘제례악이 세종과 세조, 그러니까 아버지와 아들이 일군 음악이었다니 새삼 놀라운데요, 그렇다면 세종은 어떤 연유로 종묘제례악의 모태를 작곡하셨고 또 세조는 어떤 과정을 거쳐 세종이 작곡한 음악들을 종묘제례악으로 채택할 수 있었을까요?

남: 네. 이에 대한 아름다운 이야기가 전해오고 있는데요, 세종 당시

악단과 무용단 원경 ⓒ문화재청

등가(상월대 소재 악단) ⓒ문화재청

에는 사실 종묘제례에서 중국의 제례악이 연주되고 있었습니다. 지금 입장에서 보면 상당히 의아한 일이지만 당시에는 당연한 일이었을 겁니다. 왜냐하면, 종묘제례 자체가 중국에서 온 것이고 조선 궁중에서 사용하는 대부분의 의식 음악 역시 중국에서 온 것이기 때문이죠. 하지만 세종께서는 종묘제례에 중국음악을 사용하는 것을 늘 못마땅하게 생각하셨던 모양입니다. 왜 당신의 조상들이 생전에 즐겨듣지 않던 중국음악을 죽어서 들려드려야 하느냐는 것이죠. 그래서 세종은 친히, 고려 때부터 전승되어 오던 우리 음악들(청산별곡, 서경별곡, 가시리 등의 고려가요 선율)과 조선의 음악들을 참고하여 종묘제례 때 사용할 음악들을 작곡하신 것으로 보입니다.

여: 그렇군요. 세종이 작곡한 음악의 제목은 무엇인가요?

남: 네. 보태평과 정대업이라고 하는 곡인데요, 보태평은 왕들이 이룩한 문화적인 덕을 기리는 음악으로 11곡으로 되어있고, 정대업은 왕들이 지닌 전투적인 힘을 높이 사는 내용을 담은 음악으로 15곡으로 되어있습니다. 물론 세종이 이 보태평과 정대업을 종묘제례 때 쓸 목적으로 지은 것인지에 관해서는 사실 명확한 기록이 남아있지 않아서 꼭 그렇다고는 단정 지을 수는 없습니다. 하지만 정황상 종묘제례 때 사용할 목적으로 보태평과 정대업을 작곡했다고 추측하는 것은 무리가 아닙니다.

여: 기록 정신이 투철한 조선 정부가 이상하게도 세종이 만든 보태평과 정대업의 창작 목적은 물론이고 정확한 작곡 시기에 대한 기록

도 제대로 남기지 않았군요.

남: 그렇습니다. 보태평과 정대업은 1433(세종 15년 1월 1일)년에서 1447(세종 29년 6월 4일)년 사이에 만들어진 것이라는 추정만이 가능한 실정입니다. 『세종실록』의 기록에 따라 세종이 음악 창제를 하겠다는 속내를 처음으로 내비친 때와 보태평과 정대업의 명칭이 최초로 등장한 때를 근거로 추정해 본 것입니다.

여: 그렇군요. 그런데 세종 대에는 안타깝게도 이 보태평과 정대업이 종묘제례 때 사용되지 못했다고요.

남: 맞습니다. 보태평과 정대업은 오늘날 국내는 물론이고 세계적으로도 빛을 발하고 있는 것과는 달리 세종대는 물론이고 세조대에 종묘제례악으로 채택되기 전까지는 사용되지 않았음이 『세종실록』, 『단종실록』, 『세조실록』의 기록을 통해 확인됩니다. 심지어 단종 즉위(1452)년의 기록을 보면 정대업과 보태평을 전습(傳習)한 사람이 한두 사람밖에 없었다고 전하는데요, 이는 대신들의 반대가 심했기 때문일 것으로 추측됩니다.

여: 세종이 지은 보태평과 정대업을 정식 종묘제례악으로 채택한 것은 그의 아들 세조가 한 일이라고 했습니다. 그렇다면 보태평과 정대업이 어떤 경위로 정식 종묘제례악으로 채택되어 오롯한 빛을 보게 되었을까요?

남: 세조는 세종에 가려서 그렇지 굉장히 뛰어난 군주였습니다. 그 역시 세종처럼 다방면에 출중한 재주를 가지고 있었습니다. 세조는 성악과 음률에 능통했다고 합니다. 그리고 그는 누구보다도 자주적인 군주였기에 세종이 작곡한 음악을 중국 아악을 대신해 종묘제례에 사용했을 것으로 추측해 봅니다. 특히 세조는 세종이 제정한 여러 악무를 미처 사용하지 못한 점, 그래서 후세에 폐지될 것을 애석하게 여겼습니다. 그래서 세조는 아버지 세종이 작곡한 보태평과 정대업이라는 두 개의 큰 음악을 종묘제향에 사용하기 위해 편곡을 단행합니다(1463년).

여: 어떤 식으로 편곡을 한 것인가요?

남: 네. 세종은 아버지가 지은 보태평 11곡과 정대업 15곡을 제례악으로서의 면모를 갖추기 위해 각각 11곡으로 축소했고, 가사의 내용은 보존하되 간략화시켰으며, 음계나 곡의 순서, 그리고 악곡명을 바꾸거나 일부를 추가했습니다. 그리고는 마침내 1464년, 가장 핵심적인 국가 의례인 종묘제례에서 처음으로 이 음악을 사용하는 역사적인 순간을 맞이하게 됩니다. 이렇게 해서 탄생한 종묘제례악은 세조 10년인 1464년 이후부터 현재까지 계속해서 사용되고 있는 겁니다. 이는 더 이상 중국음악이 아닌 우리 조상들이 즐겨듣던 음악으로 만든 곡이라는 점, 그것을 조선왕실의 가장 핵심적인 음악인 종묘제례악으로 사용했다는 점에서 당시에도 큰 의미가 있었을 겁니다.

여: 그렇군요. 당시로서는 무척 혁신적인 일이었을 텐데요. 세조가

이 음악을 사용하게 된 것은 아마도 효심 덕분이 아닐까 합니다.

남: 네. 세조는 자신의 아버지가 작곡한 음악이 사장되어 있는 것을 안타깝게 생각한 나머지 자신이 이 음악을 편곡해서 조선왕실의 가장 중요한 의례인 종묘제례에 사용한 것이겠죠. 이렇게 아버지는 음악을 작곡하고 아들은 그것을 편곡해서 크게 썼으니 앞서 아름다운 이야기라고 한 것입니다.

여: 그렇습니다. 지금 행해지고 있는 종묘제례악은 세종이 작곡하고 세조가 편곡해서 전해준 남다른 의미를 지닌 음악입니다. 이러한 종묘제례악은 조선왕조의 왕과 왕비의 신위를 모시고 제를 올리는 공간인 종묘, 그리고 동북아시아의 왕실체제를 완벽하게 유지하고 있는 유일한 제사의식이자 세계에서 가장 오래된 종합적인 의례문화인 종묘제례와 더불어 500년 전의 악가무를 거의 그대로 간직하고 있다는 점에서 말할 수 없이 큰 가치를 지니고 있습니다.
그런데요 교수님, 앞서 말씀에 따르면 종묘제례악은 크게 보태평과 정대업이라는 두 곡으로 되어있다는 것을 알 수 있었는데요, 두 음악에 대한 설명도 부탁드립니다.

남: 네. 종묘제례악은 보태평과 정대업이라는 두 가지 음악 혹은 두 가지 내용을 담고 있습니다. 보태평은 태평을 보호한다는 의미로 나라를 세우고 태평시대를 이끈 왕들의 문화적인 업적, 즉 문덕을 칭송하는 내용의 음악으로서 총 11곡으로 구성되어있습니다. 정대업은 태조의 4대조 왕과 태조가 나라를 세운 업적, 그리고 나라를 위해 외

적에 맞서 싸운 조상들의 무공을 칭송하는 내용의 음악으로서 역시 11곡으로 구성되어있습니다.

여: 그렇군요. 이제 곧 보태평과 정대업이 종묘제례의 핵심 절차마다 행해질 텐데요, 구체적으로 언제 이 두 음악이 연주되는지 궁금합니다.

남: 왕이 첫 번째 술잔을 올리는 초헌례 때에는 보태평이 행해지고요, 세자와 영의정이 술을 올리는 아헌과 종헌에서는 정대업이 연주됩니다. 임금의 문덕을 찬양하는 보태평은 무공을 찬양하는 정대업보다 전반적으로 부드러운 특징을 갖고 있는데요, 집례의 창홀에 '보태평지악' 혹은 '정대업지악'이라는 말이 나오면 각 내용의 악기 연주와 노래를 하라는 뜻이고요, '보태평지무'나 '정대업지무'라는 말이 나오면 해당 내용의 일무, 즉 춤을 추라는 뜻입니다.

여: 그런데 제사를 지내면서 왜 음악을 지어 바칠까요?

남: 조상에게 음악을 지어 바치는 이유는 조상을 향한 존경과 칭송의 마음을 전하는 동시에 후손들의 복을 기원하기 위함입니다. 물론 국가 대제에 이렇게 음악이 나오는 것은 유교의 예악사상에 기인한 것입니다. 유교에서는 인간을 인간답게 만들려면 예와 악이 꼭 필요하다고 생각했습니다. 예와 악을 굳이 쉬운 현대어로 표현해보면 예는 '규범(절도)', 악은 '부드러움' 혹은 '조화'라고 할까요? 유교에서는 우리 인간은 이렇게 질서의식(예)과 더불어 조화로움을 구현할 수 있는 풍류정신(악)을 함께 가져야 성숙한 인간이 될 수 있다고 믿은 것

입니다. 그래서 엄숙하게 제사를 드리는 가운데에서도 음악을 연주하여 흥취를 더하는 것입니다.

여: 엄격한 예와 더불어 음악의 역할과 또 제정을 중시했던 공자의 예악사상을 발현시킨 것이군요. 그런데 지금 이곳 정전 제향을 보면 악사와 무용을 담당하는 일무원들이 꽤 많은데요, 오늘 제례가 진행되는 동안 연주되는 종묘제례악을 제대로 이해하기 위해서는 몇 가지 명칭이나 용어를 알아야겠죠?

남: 네. 우선 연주와 노래를 담당하는 악대는 두 군데로 나뉘어 위치하고 있습니다. 여러분들이 보시는 댓돌 위 상월대에서 연주하는 악대를 '등가'라고 하고요, 댓돌 밑 하월대에서 연주하는 악대를 '헌가'라고 합니다. 집례자의 창홀을 한 번 잘 들어보십시오. '등가작' 또는 '헌가작'이라는 말이 나오는데요, '등가작'이라하면, 상월대에 위치한 등가 악단이 연주를 하게 되고, '헌가작'이라하면, 하월대에 위치한 헌가 악단이 각 절차에 맞는 음악을 연주하게 됩니다. 그리고 종묘제례에서 추는 춤을 일무라 한다고 말씀드렸죠, 이 일무는 넓은 공간인 하월대에서 진행됩니다.

여: 자, 이제 취위 절차가 거의 끝나가고 있는데요, 오늘 제례에 참여한 제관과 집사들이 이제 대부분 제 자리에 선 것 같습니다.

남: 네, 곧 각 신실에서는 신주를 꺼내 제향을 올릴 탁자로 모신 다음에 신주를 덮고 있는 '독'이라는 나무 궤를 열게 되는데요, 이렇게

준상(술과 술잔 등)이 마련된 준소(퇴간)의 제관(집사)들 취위 ⓒ문화재청

되면 제사를 올릴 준비가 다 된 셈입니다.

5시, 드디어 모든 제관과 악사, 그리고 집사가 제 자리에 섰다.

贊儀引各室獻官薦俎官捧俎官七祀獻官功臣獻官入就拜位
(찬의인각실헌관천조관봉조관칠사헌관공신헌관입취배위)
찬의는 각실의 헌관, 천조관, 봉조관, 칠사헌관, 공신헌관이 절할
자리 서도록 하시오

參班員入就拜位(참반원입취배위)
참반원은 절할 자리에서 서시오

2) 청행례(진청행사)

各室大祝廟司捧出神主啓櫝(각실대축묘사봉출신주계독)

각 실 대축관과 묘사는 신주를 받들어 내어 모시고 독을 여시오

대축관과 묘사가 신주를 받들어 내어 모시는 모습

독을 여는 모습

신주(신위) ⓒ문화재청

남: 네. 지금 각 실에는 술을 올릴 헌관과 제수를 올리는 일을 맡은 천조관, 그리고 봉조관이 서 있고 그 외에도 칠사헌관과 공신헌관이 같이 서 있습니다. 대축관과 묘사가 신주를 모신 공간의 황색 커튼을 젖히고 들어가서 안쪽에 모셔있던 왕과 왕비의 신주를 들고 나오게 됩니다. 그리고 그것을 신탑이라는 탁자 위에 올려놓습니다. 그러고 나서 신주의 나무 덮개, 즉 독을 들어 올려서 신주가 보이도록 열게 됩니다.

여: 네. 신주를 제향 공간으로 내어 모시는 절차가 엄격한데요. 각 신실에는 왕 한 분과 왕비가 많게는 세 분까지 함께 모셔있습니다. 이제 정전에 모신 마흔아홉 분의 신위를 모두 내어 모시게 되는데요, 교수님, 신주는 어떻게 생겼고 어떤 의미가 있나요?

남: 네. 신주는 몸을 떠난 조상의 영혼이 의지할 수 있도록 만든 상징물입니다. 나무로 만드는데요, 이 신주에는 위, 아래, 왼쪽, 오른쪽, 앞, 뒤 이렇게 여섯 개의 면에 구멍이 하나씩 뚫려있습니다. 옛사람들은 이 구멍으로 조상들의 혼이 들어가서 머문다고 여겼습니다. 평상시에는 이 신주를 독이라고 하는 나무 뚜껑으로 덮어 놓지만, 오늘처럼 제례가 있는 날이면 이 독을 열어서 구멍이 하나 뚫려있는 신주의 정면이 보이도록 내어 모십니다.

여: 네. 왕의 신주는 서쪽(왼쪽)에 두고 흰색 건을 덮고요, 왕비의 신주는 동쪽(오른쪽)에 두고 청색 건을 덮습니다. 이렇게 제 1실에서부터 제 19실에 모신 모든 분의 신주를 꺼내 모시고 그 독을 열면 제를

황사손의 대기실인 소차

소차에 앉아 있는 황사손(영녕전 제향)

올릴 준비가 거의 마무리된 것입니다.

　종묘대제에서 제공하는 각종 자료에 따르면 취위와 청행례의 경계가 다소 모호한 것처럼 보인다. 신주를 내어 모시는 것부터를 청행례, 즉 진청행사의 시작으로 보기도 하고 그 다음부터를 그렇게 보기도 한다. 어떻든 실제 종묘대제를 진행할 때에는 집례가 이 순서를 따로 부르지는 않는다.

禮儀使跪奏請皇嗣孫出小次(예의사궤주청황사손출소차)
예의사는 꿇어앉아 황사손이 소차에서 나오도록 청하시오

禮儀使導皇嗣孫詣版位北向立(예의사도황사손예판위북향립)
예의사는 황사손이 판위에 나와 북쪽을 향해 서도록 인도하시오

　여: 지금 황사손이, 기다리면서 쉬는 장소인 소차에서 나와 예의사의 안내를 받으며 절하는 자리인 판위로 가고 있습니다. 소차는 정전 동쪽 끝 측면에 마련되어 있는데요, 황사손은 이곳에 마련된 의자에 앉아 쉬고 있다가 필요한 때에 예의사의 인도를 받으며 나오게 됩니다. 예의사는 황사손을 전담으로 수행하는 제관입니다. 기억해두면 관람하는 데 도움이 되실 겁니다.

　남: 네. 황사손이 판위에 도착하면 예의사는 황사손에게 제례를 시작할 것을 청합니다. 그리고 황사손 이하 모든 제관이 차례로 국궁사배를 하게 됩니다.

여: 네. 앞서도 말씀드렸듯이 종묘대제는 집례의 창홀에 따라 진행됩니다. 이 창홀은 한자말로 되어 있기 때문에 다소 어렵습니다. 여러분께서는 대형 화면에 제공되는 자막을 보면서 관람해 주시기 바랍니다.

남: 종묘대제가 없는 종묘는 상상하기 힘듭니다. 종묘가 세계적인 문화유산이 될 수 있었던 것은 살아있는 제례가 오늘날까지 봉행되고 있기 때문이겠죠.

禮儀使跪奏請行事(예의사궤주청행사)
예의사는 꿇어앉아 제례시작을 청하시오

軒架作保太平之樂保太平之舞作(헌가작보태평지악보태평지무작)
헌가에서는 보태평지악을 연주하고 일무원은 보태평지무를 추시오

禮儀使跪奏請皇嗣孫鞠躬四拜興平身(예의사궤주청황사손국궁사배흥평신)
예의사는 꿇어앉아 황사손께 국궁사배를 청하시오

남: 방금 전. 예의사가 꿇어 앉아 황사손에게 제례의 시작을 청하고 국궁사배할 것을 청했습니다. 하월대에 위치한 헌가 악대에서 보태평 연주와 일무원들의 무용도 시작되었습니다. 종묘대제의 본격적인 시작과 함께 처음으로 음악이 울려 퍼진 것인데요, 보태평을 연주하고 보태평 춤을 추라는 집례의 창홀이 있었지만 청행례에서는 보태

평 전곡을 연주하지는 않습니다. 첫 번째 곡인 희문이라는 곡만 연주하는데요, 원곡 희문의 가사를 바꾸어서 행하기 때문에 지금 연주되고 있는 희문은 따로 '영신희문(迎神熙文)'이라 이릅니다. 대대로 덕을 쌓으신 조상들께 엄격하고 법도에 맞게 제사를 올리니 후손들을 편안하게 해 주시고 소원도 이루어달라는 내용으로 되어있습니다.

여: 네. 보태평이 행해지는 가운데 예의사의 인도로 황사손이 국궁사배를 올리고 있습니다. 황사손이 절을 마치게 되면요, 이어서 각 실에 있는 천조관, 봉조관, 칠사헌관, 공신헌관들 역시 무릎을 꿇고 네 번 절하는 국궁사배를 올리게 됩니다.

各室獻官薦俎官捧俎官七祀獻官功臣獻官搢笏(각실헌관천조관봉조관칠사헌관공신헌관진홀)
각실의 헌관, 천조관, 봉조관, 칠사헌관, 공신헌관은 홀을 꽂으시오

鞠躬四拜興平身執笏(국궁사배흥평신)
무릎 꿇어 네 번 절하고 일어서시오

(배, 흥/ 배, 흥/ 배, 흥/ 배, 흥)

남: 각 신실에 들어갈 헌관, 천조관, 봉조관 등이 4배를 하고 이어서 참반원들까지 4배를 마치면 음악도 그치게 되는데요, '악지(樂止)'라는 말이 바로 음악을 그치라는 말입니다. 음악이 그치면 신을 맞아들이는 신관례가 시작됩니다.

執笏(집홀)

홀을 잡으시오

參班員鞠躬四拜興平身(참반원국궁사배흥평신)

참반원은 국궁사배하고 일어서시오

(배 흥, 배 흥, 배 흥, 배 흥)

樂止(악지)

악을 그치시오

3) 신관례

行晨祼禮(행신관례)
신관례를 행하시오

> **여:** 이어서 신을 맞는 절차인 신관례를 시작하겠습니다. '신관례'는
> 날이 밝아오는 때에 향을 피우고 울창주를 땅에 부어 신을 맞이하는
> 절차입니다.

禮儀使導皇嗣孫詣盥洗位洗訖(예의사도황사손예관세위세흘)
예의사는 황사손을 인도하여 관세위로 나아가 손을 씻도록 아뢰시오

> **남:** 신관례 절차를 진행하기 위해 이제 곧 황사손과 각 실의 초헌관
> 들은 각각 예의사와 찬의의 인도로 각각 따로 마련된 관세위에서 손
> 을 씻고 역시 따로 놓인 동쪽 계단으로 올라가 각 신실 입구에 마련
> 된 준소라는 곳에 서게 됩니다. 준소는 술과 술그릇이 차려진 상이
> 있는 곳을 말합니다.

贊儀引各室初獻官詣盥洗位洗訖(찬의인각실초헌관예관세위세흘)
찬의는 각실 초헌관을 인도하여 관세위로 나아가 손을 씻게 하시오

登歌作保太平之樂保太平之舞作(등가작보태평지악보태평지무작)
등가에서는 보태평지악을 연주하고 일무원은 보태평지무를 추시오

禮儀使導皇嗣孫陞自東階詣尊所西向立(예의사도황사손승자동계예
준소서향립)
예의사는 황사손을 인도하여 동쪽 계단으로 올라 준소 앞에 나아
가 서쪽을 향해 서시도록 아뢰시오

贊儀引各室初獻官陞自東階詣各室尊所西向立(찬의인각실초헌관승
자동계예각실준소서향립)
찬의는 각실 초헌관이 동쪽계단으로 올라가 준소 앞에 서쪽을 향
해 서도록 인도하시오

예의사의 인도로 관세위에서 손을 씻는 황사손

여: 조상들의 혼백을 모시고 또 예물인 폐를 올리기 위한 신관례 절
차가 진행되고 있습니다. 음악은 보태평을 행하라는 주문에 따라 등
가에서 보태평이 연주되고 있죠. 일무원들 역시 보태평지무, 즉 문무

를 추고 있는데요, 여기에서도 보태평 전곡을 연주하는 것은 아닙니다. 청행례 때와 마찬가지로 첫 곡인 희문만을 연주하고 춥니다. 그런데 지금 연주되고 있는 희문은 원곡의 가사 뿐만이 아니라 선율과 속도에도 변화를 준 음악입니다. 그래서 신관례 때 연주되는 음악은 따로 '전폐희문(奠幣熙文)'라 이르지요. 맑고 고요한 마음으로 올리는 특별한 폐백을 받으시고 흠향해달라는 내용으로 되어있습니다.

남: 지금 황사손을 비롯한 초헌관들이 각 신실에 모신 조상신, 즉 혼백을 모셔오기 위한 절차를 행하기 위해 각자가 맡은 신실을 향해서 경건한 발걸음을 옮기고 있습니다.

여: 교수님, 혼백이라는 말씀을 하셨는데요, 우리가 종종 쓰기도 하는 이 혼백이라는 말에서 '혼'은 정신, 즉 영혼을 말하고 '백'은 몸, 즉 육체를 뜻한다고 할 수 있죠?

남: 네, 맞습니다. 우리는 혼백이라는 말을 종종 쓰지요. 지금 진행되고 있는 신관례가 바로 조상들의 혼백을 불러들이는 절차입니다. 유교의 가르침에 따르면 인간은 죽으면 혼과 백으로 분리돼서 혼(영혼)은 하늘로 올라가고, 백(육체)은 땅으로 돌아가거나 사라진다고 생각했습니다. 그래서 조상들이 돌아가시면, 사당을 지어서 혼을 모시고 무덤을 만들어서 백을 모시는 형태로 그들을 숭배한 것이죠. 조선 시대에는 임금이 승하(昇遐)하시게 되면 육체인 백은 '(왕)능'으로 모시고, 혼은 이곳 국가의 사당인 종묘에 모셨습니다.

여: 조선 국왕의 혼과 백을 모신 종묘와 조선왕릉은 두 곳 모두 세계 문화유산에 등재되어 있습니다. 종묘는 1995년에, 조선왕릉 40기는 2009년도에 등재가 됐죠.

남: 네. 인류 역사상 한 왕조가 500년 이상 지속된 것도 참 놀라운 일입니다만 재위한 모든 왕의 무덤이 남아있고, 또 그들에게 올리는 제례의식과 음악이 이렇게 남아서 행해지고 있는 경우는 동아시아는 물론이고 세계적으로도 유례를 찾을 수 없는 일입니다.

지금 상황은, 제 1실의 초헌관을 맡은 황사손과 그 뒤를 따라 출발한 각 실의 초헌관들이 여전히 각자가 맡은 신실을 향해 걸어가고 있다. 특히 황사손이 맡은 제 1실은 서쪽 끝에 위치해 있으므로 그의 동선이 가장 길다.

여: 네, 종묘에서 조상신께 제사를 올리려면 그분들의 혼백을 다시 불러와야 할 텐데요, 교수님, 구체적으로 어떻게 진행되나요?

남: 네, 지금 진행되고 있는 신관례가 바로 이곳 정전에 모신 왕 열아홉 분과 왕비 서른 분의 혼과 백을 이 자리로 모시기 위한 절차인데요, 먼저 혼은 향을 세 번에 나누어 피움으로써 모셔옵니다.

여: 일반적으로 제례를 지낼 때에는 항상 이렇게 향을 올리는데요, 혼을 모시기 위해서 특별히 향을 사르는 이유가 있나요?

예의사의 인도로 제 1실을 향해 걸어가는 황사손 ©문화재청

남: 향의 연기가 하늘로 올라가지 않습니까? 따라서 향을 피우는 것은, 하늘에 계신 조상들에게 제사를 올리겠다는 뜻을 전달하고 그들의 혼을 불러 모신다는 의미가 있는 것으로 생각됩니다.

여: 그렇군요. 육체를 상징하는 백은 술로써 모신다고 하는데요.

남: 네, 맞습니다. 땅속으로 사라진 조상들의 백은 술을 따라 부음으로써 모시게 됩니다. 각 신실 안쪽의 바닥을 보면 관지라는 구멍이 있는데요, 바로 여기에 술을 붓습니다. 종묘대제에서는 이때 '울창주'라는 술을 씁니다. 기장쌀에다가 울금초를 넣어 빚은 향이 아주 좋은 술이죠.

여: 네, 잠시 후에 조상들의 혼과 백을 이곳 정전 제향 공간으로 모

시기 위해서 제 1실에 위치한 황사손을 비롯하여 제 2실부터 19실까지 각 실에 위치한 초헌관들이 향을 피워서 하늘에 계신 혼령을 모시게 됩니다. 그리고 울창주를 바닥의 관지라는 구멍에 부어서 땅속으로 사라진 조상에게 제사가 시작됨을 알려 그분들의 백을 이곳으로 모실 예정입니다. 관람석에 계신 여러분께서는 잠시 후에 이 장면을 대형화면을 통해서 보실 수 있습니다.

各室初獻官監爵(각실초헌관감작)
각실 초헌관은 집준관이 제주를 작에 따르는 것을 살피시오

各室執罇官執瓚酌鬱鬯酒(각실집준관집찬작울창주)
각실 집준관은 조이에 담긴 울창주를 용찬에 따르시오

여: 지금 각 실 입구에 마련된 준소에서 집준관들이 바닥에 부을 울창주를 미리 준비해 놓고 있는데요, '조이'라는 봉황새가 새겨진 술통에 담겨있는 울창주를 국자로 떠서 '용찬'이라는 얕고 넓적한 용기에 옮기고 있습니다.

禮儀使導皇嗣孫詣神位前跪(예의사도황사손예신위전궤)
예의사는 황사손을 인도하여 신위전에 나아가 꿇어앉도록 아뢰시오

各室初獻官詣神位前跪(각실초헌관예신위전궤)
각실 초헌관은 신위전에 나아가 꿇어앉으시오

제 1실 초헌관인 황사손이 향을 세 번에 나누어 향로에 피우는 모습 ⓒ문화재청

各室初獻官詣搢笏(각실초헌관진홀)

각실 초헌관은 홀을 꽂으시오

三上香(삼상향)

초헌관은 향합의 향을 세 번에 나누어 향로에 피우시오

여: 방금 제 1실의 초헌관인 황사손과 각 실의 초헌관들이 신실 안
으로 들어갔습니다. 그리고 조상들의 혼을 불러 모시기 위해 향을 세
번에 나누어 떨어 피우고 있습니다. 화면을 통해 함께 보고 계시는데
요, 종묘제례의 핵심 공간은 아무래도 신실 내부일 겁니다. 어떤 구
조로 되어있는지 궁금한데요, 교수님, 간단하게 소개해 주시죠.

남: 네, 사실 이곳 사회석도 마찬가지입니다만, 여러분들이 계시는

술통과 술잔 등을 따로 놓아두는 준상(신실 입구 툇간부에 위치)

황색 커튼으로 가린 신주를 모신 감실과 제수를 올리는 제상(신실 안에 위치)

관람석에서는 신실 내부가 전혀 보이지 않습니다. 대형화면을 통해서만 보실 수 있죠. 각 신실은요, 크게 세 영역으로 구분돼 있다고 보시면 됩니다. 우선 신실 문 밖, 즉 신실 입구 영역에는 여러 기둥들이 반복적으로 세워져 있는데요, 여기에는 조상신께 올리는 각종 술과 술잔을 올려놓는 상이 놓여있습니다. 술을 준비하는 상을 준상이라 하고 이 준상이 놓인 곳을 준소라고 하지요. 그 다음 영역인 신실 문 안쪽으로 들어가면요, 여기에는, 바닥에 돗자리가 매우 정갈하게 깔려있는데, 각종 제수가 차려진 제상이 놓여있습니다. 종묘대제에서는 세 번의 술잔을 올리게 되는데요, 각각의 술잔을 올릴 자리도 모신 신위 수에 맞게끔 이 제상에 마련돼 있습니다.

여: 그리고 이 제상 뒤 가장 안쪽 영역으로 들어가면요, 조상들의 신주를 모신 공간인 감실이 있습니다. 감실에는 황색 커튼이 2중으로 드리워져 있는데요, 신주는 정중앙에 있는 신탑에 올려있고, 그 좌우에는 각각 책장(국조보감, 금책, 옥책, 죽책이 들어있음)과 도장(금보, 은보, 옥보)을 보관하는 보장이 대칭으로 서있습니다.

남: 신실의 구조에 대해 한 가지 사실을 더 말씀드리면, 각 신실, 그러니까 정전 19칸은 칸막이 없이 뻥 뚫려있는 구조로 되어있습니다. 제 1실, 제 2실 이렇게 각 신실을 구분하기는 하지만 그 사이에 벽은 없습니다. 이렇게 한 공간으로 트여있지만 실은 따로 하는 구조를 건축학계에서는 동당이실(同堂異室)이라고 합니다. 당은 같게 하고 실은 따로 한다는 뜻이죠.

신주를 모신 감실 내부

執瓚灌地(집찬관지)
용찬의 울창주를 관지에 부으시오

여: 지금 땅에 계시는 조상들의 백을 모시기 위해 조금 전에 그릇에 따라 준비해놓은 울창주를 바닥에 붓고 있습니다.

남: 네. 조금 전에 향을 살라 혼을 불러 왔지요? 그다음으로는 백을 불러와야 합니다. 유교식 제사에서는 이 절차를 땅에 술을 붓는 것으로 상징화했다고 했습니다. 지금 제 1실에 있는 황사손과 각 실에 위치한 초헌관들이 미리 따라 놓은 울창주를 건네받아 바닥에 있는 '관지'라는 구멍에 붓고 있습니다. 이렇게 향을 사르고 술을 땅에 붓는 절차가 끝나면 조상들은 혼과 백이 다시 합쳐져서 온전한 인간이 되

었다고 할 수 있습니다. 동시에 후손들이 바치는 제사를 받을 준비를 마친 게 됩니다.

여: 일반 가정 제사에서는 조상의 백을 모시는 절차를 작은 그릇에 모래를 넣고 술을 따라 붓는 것으로 진행하기도 하죠.

남: 네. 하지만 가정 제사에서는 이 백을 모시는 순서가 생략되는 경우가 많은데요, 사실 하는 것이 맞습니다.

執幣獻幣(집폐헌폐)
폐를 받들어 올리시오

여: 조상들의 혼백을 모신 다음에는 지금 진행되고 있는 것처럼 이곳으로 오신 조상들께 예물, 즉 폐를 올리는 순서를 갖습니다. 폐는 얕은 광주리에 담아 올리는데요, 이 순서가 끝나면 신관례 절차는 마무리가 됩니다. 이로써 취위부터 시작한 신을 맞이하는 절차가 끝이 나고 곧이어 신이 즐기는 절차가 시작될 예정입니다.

禮儀使跪奏請皇嗣孫俯伏興平身(예의사궤주청황사손부복흥평신)
예의사는 꿇어앉아 황사손이 부복하였다가 일어나시도록 아뢰시오

各室初獻官俯伏興平身(각실초헌관부복흥평신)
각실 초헌관은 부복하였다가 일어나시오

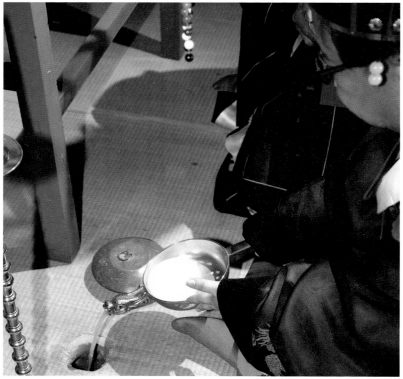

제 1실 초헌관(황사손)이 울창주를 바닥의 관지에 붓는 장면

제 1실에서 폐를 올리고 있는 황사손

執笏(집홀)

홀을 잡으시오

禮儀使導皇嗣孫導降復位(예의사도황사손강복위)

예의사는 황사손을 인도하여 제자리로 내려가도록 아뢰시오

贊儀引各室初獻官降復位(찬의인각실초헌관강복위)

찬의는 각실 초헌관을 인도하여 제자리로 내려가시오

   이 부분에서 신관례를 행한 황사손 이하 초헌관 등 여러 제관이 각 신실에서 나와 제자리(하월대)로 내려가기 때문에 적지 않은 시간이 걸린다. 특히 황사손은 서쪽 끝에서 동쪽 끝으로 약 100여 미터를 걸어가야 하기 때문에 동선이 매우 크다. 그래서 이번에는 정전과 영녕전

에 모신 신위에 대한 이야기를 나누는데, 어떤 법도에 따라 나누어 모신 것인지, 누가 정전과 영녕전에 모셔있는지 등에 대한 설명을 한다.

남: 향을 살라 조상의 혼을 모셔 오고 술을 땅에 부어 조상의 백을 모셔왔습니다. 따라서 이곳 정전의 각 신실에 있는 신주에는 선왕들과 왕비들께서 후손들의 제사를 받고자 왕림하신 것이 됩니다.

여: 네. 이로써 신을 모시는 절차, 즉 취위, 청행례, 그리고 신관례 절차가 사실상 모두 마무리 되었습니다. 방금 끝난 신관례 절차는 첫 번째 술잔을 올리는 초헌관들이 맡아서 진행을 했는데요, 황사손은 태조 이성계를 모신 제 1실의 초헌관입니다. 이제 신관례를 행한 황사손과 각 신실의 초헌관들이 원래 자리를 향해 걸어가고 있습니다. 안내를 맡은 예의사와 찬의가 동행하고 있지요. 이 분들이 제 자리로 돌아가는 데에는 약 5분 정도의 시간이 걸릴 예정입니다. 그 동안 교수님과 어떤 왕들이 이곳에 강림하셔서 제사를 받고 계신 것인지 정전과 영녕전에 나뉘어 모셔있는 신위에 대한 이야기를 나눠보겠습니다. 여러분들께서는 혹시 정면에 보이는 정전의 신실이 몇 칸인지 세어보셨는지요. 모두 19칸입니다. 그렇다면 여기에 모신 분들, 앞서 말씀드리기는 했지만, 몇 분이나 될까요?

남: 네, 19실을 갖춘 정전에는 왕 열아홉 분과, 왕비 서른 분의 신위를 모시고 있습니다. 그래서 모두 마흔 아홉 분의 신위가 있는데요, 각 신실에는 왕비의 신위가 많게는 세 분씩 함께 모셔져 있습니다. 여러분들이 앉아 계신 곳에서 바라볼 때 정전 건물의 왼쪽 끝에 있

는 신실이 제 1실이고요, 바로 여기에 조선을 건국한 태조 이성계의 신위가 모셔져 있습니다.

여: 그런데 왕과 왕비의 신위는 정전 이외의 또 다른 제향 공간인 영녕전에도 모셔져 있죠. 별묘인 영녕전에는 모두 서른네 분의 신위를 모시고 있는데요, 역시 각 실에 왕이 한 분씩 모셔있으니까 왕은 열여섯 분이고요, 왕비는 열여덟 분이 모셔있습니다. 정전과 영녕전에 모신 신위를 모두 합치면 여든세 분이 됩니다. 그렇다면 어떤 기준으로 이분들을 정전과 영녕전으로 나누어 모셨을까요?

남: 네, 조선 시대에는 왕이나 왕비가 승하하면, 먼저 궁궐에서 삼년상을 치릅니다. 그런 다음에 그 신주를 종묘로 옮겨 모시죠. 그런데 정전에 모신 왕들은, 원칙적으로는 5대가 지나면 영녕전으로 옮겨가도록 되어 있는데요, 후대에서 공덕이 뛰어나다고 여겨지면 불천위로 지정해서 정전에 그대로 모셔둡니다.

여: 그런데 정전에 모신 열아홉 분의 왕 가운데 생전의 공덕과 상관없이 정전에 모셔진 왕도 있다고요?

남: 맞습니다. 왕으로 추존된 효명세자, 그러니까 문조 이하 다섯 명의 왕이 바로 그분들입니다. 우선 효명세자는 왕이 되지 못하고 죽었기 때문에 그의 아들인 헌종이 왕위에 오른 후에 그를 문조(익종)로 추존해서 정전에 모신 겁니다(1837년). 사실 추존된 왕은 5대가 되면 원칙적으로 영녕전으로 옮기게 되는데요, 5대가 안 된 상태에

서 조선이 망했기 때문에 문조는 그대로 정전에 남게 된 겁니다. 그 이후의 왕, 그러니까 헌종, 철종, 고종, 순종도 마찬가지입니다.

여: 그러면 문조 이하의 왕을 제외하고 정전에 모셔진 열네 분의 왕들은 모두 후손들로부터 뛰어난 공덕을 인정받아 불천위로 모셔진 것이군요. 과연 어떤 분들의 신위가 정전에 모셔있는지를 살펴보면요. 서쪽. 그러니까 여러분들이 바라보시는 방향에서 왼쪽이 제 1실인데요, 차례로 태조, 태종, 세종, 세조, 성종, 중종, 선조, 인조, 효종, 현종, 숙종, 영조, 정조, 순조가 모셔있습니다.

남: 네. 이번에는 영녕전에 모신 신위의 면모를 살펴볼까요? 16개의 신실을 갖춘 영녕전에는 죽은 뒤에 왕으로 추존되거나, 일정 기간 정전에 모셨다가 옮겨온 왕. 그리고 황태자 1인과 황태자비 1인을 포함 한 서른네 분의 신위를 모시고 있습니다.

여: 튀어나와있는 가운데 4개의 신실이 제 1실에서 4실에 해당되는 데 여기에는 왕으로 추존해서 모신 태조의 4대조(서쪽부터 차례로 목조, 익조, 도조, 환조)가 모셔있습니다. 그리고 서쪽의 첫 번째 신실이 제 5실이 되는데요, 차례로 정종, 문종, 단종, 덕종, 예종, 인종이 모셔있고요, 가운데 4실을 지나 동쪽에는 제 11실부터 제 16실까지 차례로 명종, 원종, 경종, 진종소황제, 장조의황제, 의민황태자(영왕)의 신위가 모셔있습니다.

남: 영녕전에 모신 왕들은 대부분 단명했거나 추존된 분들입니다. 한

때 폐위되었다가 숙종 때 복위된 단종의 신위도 있는데요, 이 가운데 실제로 왕이 된 분들의 경우를 보면 명종을 제외하면 대부분 재위 기간이 1년 내지 3년에 불과한 분들입니다. 뿐만 아니라 이들을 이은 다음 왕은 그의 아들이 아니고 동생이었기 때문에 정전에 있다가 5대가 넘으면서 불천위로 지정되지 못하고 곧 영녕전으로 옮겨진 것으로 생각됩니다.

여: 그렇군요. 흥미로운 사실도 있는데요, 폐위되었다가 복위되지 못한 연산군과 광해군의 신위, 그리고 왕의 생모라 할지라도 왕비가 아니었던 숙빈 최씨나 희빈 장씨 등의 신위는 정전과 영녕전 어디에도 오르지 못했습니다.

지금 여러분들께서는 신관례를 행한 제관들이 엄숙하고 경건한 발걸음으로 제자리로 돌아가고 있는 장면을 보고 계십니다. 시간이 조금 더 걸릴 것 같은데요, 그러면 이번에는 종묘대제의 역사에 대한 이야기를 나눠보겠습니다. 오늘날 정전과 영녕전에서 지내는 종묘대제는 1년 한 번, 5월 첫째 주 일요일에 거행됩니다. 하지만 교수님, 과거에는 조금 달랐죠?

남: 네, 맞습니다. 조선 시대 때 우선 정전에서는 춘하추동 첫 달 상순과 섣달에 지내는 납향제 등을 합해서 일 년에 총 다섯 번이 정기적으로 거행됐습니다. 그래서 정전제향을 5대향이라고도 했습니다. 반면에 영녕전 제향은 춘추대향이라 이르는데요, 일 년에 단 두 번 봄가을에 정전 제향을 지낼 때 함께 지냈습니다.

여: 네. 그런데 조선 시대 때 일 년에 다섯 번을 지내던 정전 제향이 오늘에 이르기까지는 꽤 지난한 과정을 겪었다고 합니다.

남: 네. 우선 대한제국기인 1909년에 납일 제사가 폐지됩니다. 그리고 일제강점기에는 간신히 향만 피워 올리는 식으로 심하게 축소되었고요, 급기야 해방 후에는 전쟁과 같은 여러 사정으로 인해 오랫동안 중지되고 맙니다. 그러다가 1969년, 전주이씨 대동종약원(사단법인)에서 자체적으로 지내면서부터 재개가 됩니다. 물론 국가 주관이 아닌 관계로 제대로 갖추어진 형식은 아니었습니다. 하지만 마침내 1975년, 종묘제례의 중요성을 알게 된 정부가 종묘제례를 중요무형문화재(제56호)로 지정하면서 매년 한 차례, '대제'로서 거행하고 있습니다.

여: 자, 이제 황사손이 제자리로 돌아가고 각 신실에 있던 초헌관들 역시 거의 제자리로 돌아왔습니다. 음악도 곧 그치게 되는데요, 집례자가 창하는 '악지'라는 말이 바로 음악을 그치라는 뜻입니다. 음악이 그치게 되면 신을 불러 모시는 신관례 절차가 모두 끝이 납니다. 이어지는 절차는 모신 신들을 즐겁게 해 드리고, 또 신들이 즐기시는 절차로서 궤식례, 초헌례, 아헌례, 종헌례가 차례로 진행됩니다. 가장 먼저 진행되는 궤식례는 신에게 술잔을 올리기에 앞서 정성스럽게 제수를 올리는 순서입니다. 대축관이 천조관과 봉조관의 도움을 받아 여러 제물을 제상에 올리게 됩니다. 신관례가 마무리되면 이 궤식례를 시작으로 신이 즐기는 절차가 행해집니다.

樂止(악지)

악을 그치시오

4) 궤식례[4)]

行饋食禮(행궤식례)
궤식례를 행하겠습니다

> **여:** 신이 즐기는 첫 번째 절차인 궤식례를 시작하겠습니다. 궤식례는
> 술잔을 올리기에 앞서 신위가 모셔진 각 실의 제상에 음식 등의 제
> 물을 올리는 절차를 말합니다.

贊儀引薦俎官捧俎官詣盥洗位洗訖(찬의인천조관봉조관예관세위세흘)
찬의는 천조관 봉조관을 인도하여 관세위로 나아가 손을 씻으시오

贊儀引薦俎官捧俎官出外詣饌所(찬의인천조관봉조관출외예찬소)
찬의는 천조관 봉조관을 인도하여 바깥 찬소로 가도록 인도하시오

第一室大祝官捧毛血盤肝膋登瓦入奠于神位前(제일실대축관봉모혈
반간요등입전우신위전)
제1실 대축관은 모혈반(짐승의 털과 피를 담은 쟁반)과 간료등(간과
기름이 담긴 그릇)을 받들어 신위 앞에 올리시오

第一室大祝官取肝出戶燔於爐炭(제일실대축관취간출호번어로탄)
제1실 대축관은 간을 조금 취하여 밖으로 나가 화로에서 태우시오

---

4) 궤식례는 2015년 종묘대제부터 사용한 명칭이다. 원래는 익힌 음식을 바친다는 의미에서 천조
례 혹은 음식을 바친다는 의미에서 진찬례라는 명칭을 사용했다.

동물의 간을 취해 태우는 모습

남: 네, 귀식례는 이렇게 동물의 피나 간을 올리고 그중에서 간을 조금 덜어서 불에 태우는 것으로 시작합니다. 이러한 행위는, 조상들에게 땅에서 자란 동물을 희생물로 바치고 그 간을 태움으로써 희생 동물의 기운이 직접 조상들께 전달될 수 있도록 하여 국가의 안녕과 풍년을 기원하는 의미를 담고 있습니다. 과거에도 큰 제사를 지낼 때 많은 동물을 바쳤던 것을 보면, 이런 전통은 아마도 아주 오래전에 희생제의(犧牲祭儀)를 할 때 동물을 바치던 것을 간략화하여 만들어진 것으로 생각됩니다.

여: 네. 조금 전 제 1실에 있는 대축관이 동물의 털과 피, 그리고 간과 기름이 담긴 그릇을 제상에 올렸죠. 지금은 그 가운데 간을 조금 취해서 신실 밖으로 가지고 나가 화롯불에 태우고 있습니다.

大祝進饌(대축진찬)

대축관과 모든 집사는 제물의 뚜껑과 준소에 싸놓은 복지를 벗기시오

제수를 싸 놓은 종이를 벗기는 모습 ⓒ문화재청

제수를 싸 놓은 종이를 모두 벗긴 모습

여: 지금 대축관을 비롯한 제관들이 제수가 담긴 모든 제기 뚜껑을 열고 싸놓은 종이들을 벗기고 있습니다. 종묘제례의 제수는 가정 제사와는 달리 옛날식 의례에 따라 그 규모나 격식이 매우 엄격하고 정성스럽게 차려집니다.[5] 교수님, 종묘대제에 올리는 제수는 종류가 얼마나 되나요?

남: 조선 영조 때 편찬된 〈종묘의궤〉에 따르면 종묘제례 때 차려지는 제수는 모두 45가지라고 합니다. 현재 종묘대제에 올리는 제수를 아주 간략하게 소개해 보면, 곡식이 4종류이고 젓갈이 4종류, 떡이 6종류, 과실이 5종류, 말린 고기가 2종류, 생고기가 7종류, 나물이 4종류, 국이 6종류(양념한 국 3종류, 하지 않은 국 3종류), 장과 술이 6종류 등입니다.

여: 종묘대제의 제수들이 일반 가정 제사에서 올리는 제수와 크게 다른 점이 있다면요.

남: 네. 날 것이 있다는 사실입니다. 종묘대제 때 차리는 제수에는 익힌 것과 날 것이 있고 양념을 한 것과 하지 않은 것이 있는데요, 날 것이나 양념을 하지 않은 것을 제수로 쓰는 것은 일반 제사에서는 쉽게 볼 수 없는 특수한 점입니다. 특히 곡식이나 고기는 주로 날 것을 올리는데요, 그 이유에 대해서는 선인들이 고대에 생식을 하던 생활양식에서 비롯되었다는 설이 있습니다. 그러나 이것도 확실한 것은 아닙니다.

---

5) 현 종묘대제 제수는 중요무형문화재 제 56호 종묘대제 제수진설 보유자가 준비한다.

여: 그렇군요. 그런데 이 제수들을 진설하는 데에는 일정한 유형이 있다고 하지요.

남: 네. 제상에 진설된 제수들의 배치를 보면요, 동쪽에는 마른 제물을 놓고, 서쪽에는 물기 있는 제물을, 그리고 남쪽에는 술잔을 놓고, 중앙에는 가장 비중 있는 제물이라 할 수 있는 오곡과 육류를 놓습니다.

薦俎官捧床捧俎官捧俎入自正門至泰階(천조관봉상봉조관봉조입자정문지태계)
천조관은 상을 들고, 봉조관은 조를 받들고 정문으로 들어와 태계에 이르시오

대축관의 인도로 봉조관은 조를, 천조관은 상을 들고 제1실을 향해 가고 있는 모습

軒架作豊安之樂(헌가작풍안지악)
헌가에서는 풍안지악을 연주하시오

第一室大祝官迎引於薦俎官階上(제일실대축관영인어천조관계상)
제1실 대축관은 태계로 나아가 계단의 위쪽에서 천조관을 맞이하여 제1실로 인도하시오

5시 30분, 종묘대제를 시작한 지 한 시간이 지났다.

여: 하월대에 위치한 헌가 악대가 풍안지악이라는 곡을 연주하고 있는 가운데 제관들이 조(俎)를 올리는 절차가 진행되고 있습니다. 조는 산적과 같은 익힌 고기를 담아놓은 3칸짜리 제기를 말합니다. 그런데 이 조를 올리는 절차가 매우 엄격한데요, 봉조관과 천조관, 그리고 대축관을 거쳐야 비로소 신위 전에 오르게 됩니다.

남: 네, 그렇습니다. 지금 천조관과 봉조관이 남신문(정전의 정문)으로 들어와 중앙에 놓인 신로를 따라서 각각 황색 천으로 덮은 상과, 익힌 고기를 담은 조를 들고 제 1실을 향해 천천히 걸어가고 있습니다. 이들이 신이 오르는 계단을 오르면 기다리고 있던 대축관의 인도로 제 1실로 들어가게 됩니다. 이후 조는 차례로 봉조관, 천조관을 거쳐서 마지막으로 대축관이 받아서 신위 전에 올립니다.

여: 그렇군요. 지금 헌가에서는 풍안지악이 연주되고 있는데요, 풍안지악은 어떤 음악인가요?

남: 네. 풍안지악은 지금처럼 제수를 올리는 궤식례 때 연주되는 음악입니다. 앞에서 종묘제례악은 크게 보태평(11곡)과 정대업(11곡)으로 되어있고 이 음악은 세종 작곡, 세조 편곡이라고 했죠? 그런데 풍안지악은 보태평과 정대업에는 포함되지 않는 음악입니다.

여: 세종께서 작곡한 곡이 아니라는 말씀이시군요.

남: 네 그렇습니다. 세조가, 세종의 보태평과 정대업을 종묘제례악으로 쓰기 위해 편곡하는 과정에서 지금과 같은 궤식례(진찬례) 등에 필요한 악곡과 가사를 새로 짓게 되는데 풍안지악은 바로 그때 만든 곡입니다. 이렇게 세조가 추가한 음악은 모두 세 곡인데요, 풍안지악 이외에도 철변두 때 연주되는 옹안지악과 송신례 때 연주되는 흥안지악이 있습니다.

여: 네. 이 종묘제례악의 면모만 보아도 종묘제례가 얼마나 엄격한 규범이 잡힌 제사인지 알 수 있겠습니다.
잠시 후 제 1실에서는 조를 올리는 절차가 봉조관, 천조관, 그리고 대축관에 의해 진행될 예정입니다. 여러분들께서는 대형화면을 보시면서 이어지는 집례자의 창홀에 귀 기울여 주시면 감사하겠습니다.

薦俎官詣第一室神位前跪(천조관예제일실신위전궤)
천조관은 제1실 신위전에 나아가 꿇어앉으시오

捧俎官捧俎跪授薦俎官(봉조관봉조궤수천조관)

봉조관은 조를 받들고 꿇어앉아 조를 천조관에게 드리시오

薦俎官受以授大祝官奠于神位前(천조관수이수대축관전우신위전)
천조관은 조를 받들어 대축관에게 전하고 대축관은 신위전에 올리시오

薦俎官捧俎官興平身(천조관봉조관흥평신)
천조관과 봉조관은 일어서시오

贊儀引薦俎官捧俎官降復位(찬의인천조관봉조관강복위)
찬의는 천조관 봉조관을 인도하여 제자리로 내려가시오

남: 네. 봉조관과 천조관, 그리고 대축관이 차례로 익힌 고기를 담은 조를 건네받아서 신위 전에 올렸습니다. 천조관과 봉조관은 이제 찬의의 인도로 제자리로 내려가게 됩니다. 그리고 대축관은 천조관과 봉조관이 내려가는 동안 제 1실에 남아서 한해살이 풀인 피와 기장을 기름에 버무려 쑥과 함께 그릇에 담아 놓고 다음 창홀을 대기하게 됩니다. 천조관과 봉조관이 제 자리로 가면 대축관은 이것을 가지고 나가서 화로에 태우게 됩니다.

여: 네. 지금 조상들께 제수를 올리는 궤식례를 행하고 있습니다. 앞서 동물의 털과 피, 그리고 간을 올리고 이 가운데 간을 조금 취해서 태웠고요, 조금 전에는 익힌 고기를 올렸습니다. 그리고 이제 식물에 해당하는 피와 기장, 그리고 쑥을 한데 버무려 태우는 순서를 남겨두

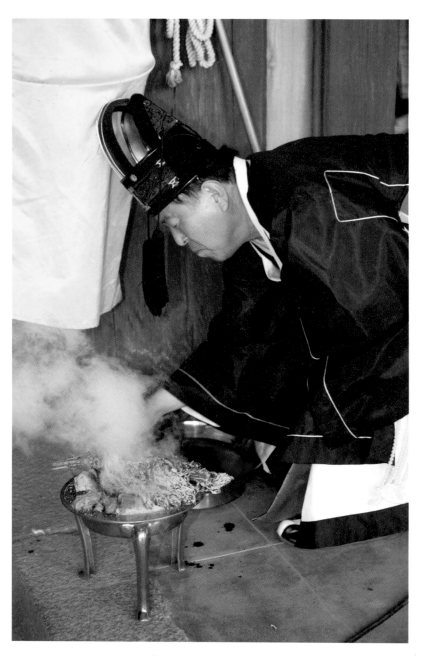

쑥, 조, 기장을 태우는 장면

고 있습니다. 궤식례는 이렇게 땅에서 자란 동물과 식물을 봉헌하는 의식을 통해서 국가의 안녕과 풍년을 기원하는 의식입니다.

남: 네. 공자님께서도 『논어』에서 '제사를 올릴 때에는 선조의 혼이 마치 계신 것처럼 지극히 하라'고 말씀하셨습니다. 오늘 종묘대제를 통해서 조상들의 공덕과 은혜를 다시 한 번 생각해보는 기회를 가져 보면 어떨까 합니다.

第一室大祝官取蕭黍稷擩於脂燔於爐炭(제일실대축관취소서직유어 지번어로탄)
제1실 대축관은 서직(쑥, 피, 기장)을 조금씩 덜어 기름에 버무려 화로에 태우시오

남: 네, 지금 제 1실에 남아있던 대축관이 제상에 놓인 피와 기장을 기름에 버무려 쑥과 함께 화로에 태우고 있습니다. 곡식은 인간이 생명을 유지하는 데 가장 중요한 음식이지요. 지금 진행되고 있는 장면은 이 중요한 곡식을 신께 올리고 그것을 태워 조상들께 바치는 의식입니다.

여: 네. 이렇게 해서 각 실의 제상에 제물을 올리는 궤식례 절차가 마무리되고 있습니다. 곧이어 '악지'라는 집례의 창홀에 따라 음악이 그치면 첫 번째 술잔을 올리는 초헌례가 시작됩니다.

樂止(악지)
악을 그치시오

5) 초헌례

行初獻禮(행초헌례)
초헌례를 행하시오

> **여:** 초헌례를 시작하겠습니다. 초헌례는 조상신에게 첫 번째 술잔을
> 올리고 역대 선왕들을 추모하는 축문을 읽는 예를 말합니다. 음악은
> 조상의 문덕을 칭송하는 보태평이 행해집니다.

禮儀使導皇嗣孫陞自東階詣尊所西向立(예의사도황사손승자동계예
준소서향립)
예의사는 황사손을 인도하여 동쪽계단으로 올라가 준소에 이르러
서향해 서도록 아뢰시오

贊儀引各室初獻官陞自東階詣尊所西向立(찬의인각실초헌관승자동
계예준소서향립)
찬의는 각실 초헌관을 인도하여 동쪽계단으로 올라가 준소에 이
르러 서향해 서도록 청하시오

登歌作保太平之樂保太平之舞作(등가작보태평지악보태평지무작)
등가에서는 보태평지악을 연주하고 일무원은 보태평지무를 추시오

초헌례를 행하기 위해 제 1실의 초헌관인 황사손과 각 실의 초헌관,
그리고 이들의 인도를 맡은 예의사와 찬의가 다시 한 번 동쪽에 놓인

전용 계단을 올라 준소에 선다. 이들은 신관례를 행하면서 이미 한 차례 신실에 오른 바가 있기 때문에 관세위에서 손을 씻는 의식은 행하지 않는다. 이들이 각자가 맡은 신실 앞의 준소에 서기까지는 약 5분 정도가 걸리기 때문에 그 동안 종묘대제의 삼헌관과 종묘제례악에 대한 못다한 이야기를 나누기로 한다.

(종묘대제의 삼헌관에 대해)

남: 종묘제례에서는 일반적인 제사와 마찬가지로 조상신에게 세 번에 걸쳐 술잔을 올리는데요, 이제 첫 번째 잔을 올리는 초헌례가 시작되었습니다. 종묘제례는 제사를 누가 지내느냐에 따라 친향례(친제)와 섭향례(섭행제)로도 나눌 수 있습니다. 친제는 국왕이 직접 제를 올리는 것이고 섭행제는 국왕이 사정상 제를 올리지 못할 경우 다른 사람이 대신하는 것을 말합니다. 이 섭행제의 경우에는 주로 왕세자나 영의정이 왕을 대신해서 진행합니다. 정전에서 하는 제사는 주로 친제로 진행된 반면 영녕전 제사는 섭행제로 진행되었습니다.

여: 이런 친제와 섭행제는 각각 술잔을 올리는 헌관들이 다를 수밖에 없었겠지요.

남: 맞습니다. 친제의 경우에는 첫 번째 술잔을 올리는 초헌관 역할은 응당 국왕이 하고요, 세자는 두 번째 술잔을 올리는 아헌관을 맡고, 마지막 술잔을 올리는 종헌관은 영의정이 맡습니다. 반면에 섭행제의 경우에는 초헌관, 아헌관, 종헌관을 각각 정1품관, 정2품관, 종2

품관이 맡아 진행했습니다.

여: 그렇군요. 그런데 지금은 국왕이나 왕세자, 영의정이 없죠. 그렇다면 오늘날 정전에서 거행되고 있는 종묘제례의 초헌관, 아헌관, 그리고 종헌관은 각각 누가 맡고 있을까요?

남: 네. 다름 아닌 전주 이씨 문중과 왕비를 배출한 스물아홉 개 성씨 문중의 후손들이 맡고 있습니다. 구체적으로 보면요, 첫 번째 술잔을 올리는 초헌관은 황사손을 비롯해 전주 이씨 문중 어른들이 맡고 계시고, 마지막 술잔을 올리는 종헌관 역시 전주 이씨 문중에서 맡고 계십니다. 주목되는 것은 두 번째 술잔을 올리는 아헌관입니다. 현재 아헌관은 왕비를 산출한 스물아홉 개 성씨 후손들이 맡고 있습니다.

여: 그렇군요. 조선 시대에는 국왕이 초헌관을 맡았기 때문에 제 1실부터 각 국왕 재위 당시의 마지막 재실까지 일일이 들러서 술잔을 올렸을 텐데요, 앞서 말씀을 나누었듯이 정전 재실은 몇 번의 증축을 거쳐 19칸으로 최종 완성을 이루었습니다. 후대로 갈수록 국왕이 각 실에 들러 직접 술잔을 올리는 데에는 꽤 오랜 시간이 걸렸을 것 같은데요.

남: 맞습니다. 예전에는 종묘제례가 밤을 꼬박 새우며 1박 2일 동안 진행되었다고 합니다. 하지만 오늘날 초헌례는 보시는 바와 같이 19실 전 신실에서 동시에 진행되고 있습니다. 태조 이성계를 모신 제 1실만 국왕 격인 황사손이 초헌관을 맡고 있고요, 제 2실부터 19실까

지는 전주이씨 문중의 어른들이 초헌관을 맡아서 진행하고 있습니다.

여: 종묘제례 때 차려지는 제사상은 크게 두 개입니다. 음식을 차린 제상과 제사에 쓸 술과 술잔을 준비해 놓은 준상으로 구분됩니다. 그 중에서 술이 준비된 준상이 있는 곳을 준소라 이르죠. 초헌관들이 첫 번째 술잔을 올리기 위해서는 우선 이 준소에 가서 서쪽을 향해 서야 하는데요, 지금 제 1실의 초헌관을 맡은 황사손은 예의사의 안내를 받으며, 그리고 제 2실부터 제 19실의 초헌관을 맡은 헌관들은 찬의의 안내를 받으며 준소를 향해 걸어가고 있습니다. 이 분들은 곧 준소에 도착하여 서쪽을 향해 서게 됩니다. 그리고 여기에서 신위 전에 올릴 첫 번째 술잔을 채우는 것을 살핀 후에 안내에 따라 신실 안으로 들어가서 조상신께 술잔을 올리게 됩니다.

(등가와 헌가, 문무와 무무)

등가 악단의 보태평지악과 보태평지무를 행하는 모습 ⓒ문화재청

여: 지금 행해지고 있는 음악은 조상들의 문덕을 칭송한 '보태평'입니다. 상월대의 등가 악대가 보태평지악, 즉 악기 연주와 노래를 담당하고 있고, 춤, 즉 보태평지무는 하월대에서 진행되고 있습니다. 앞서 취위를 진행하면서 종묘제례악에 대한 이야기를 깊게 나눠봤었는데요, 여러분들께서는 기억이 나시는지 모르겠습니다. 여기서 못다한 음악 이야기를 조금 더 나눠보지요.

남: 네. 좋습니다. 우선 악대가 상월대에 있는 등가와 하월대에 있는 헌가로 나뉘어 있죠. 여기서 등가 악단은 하늘을 상징하고 헌가 악단은 땅을 상징한다고 하는데요, 이렇게 악대를 둘로 나눈 데는 하늘과 땅이 서로 조화를 이루어야 한다는 뜻이 담겨 있다고 합니다.

여: 두 악단에 배치되는 악기와 위치도 엄격하게 정해져 있습니다. 물론 편성도 조금씩 다릅니다. 우선 상월대에 위치한 등가에는 중앙 계단을 중심으로 서쪽에는 해금, 대금, 어, 방향, 편경, 박, 절고가 배치되어 있고, 동쪽에는 당피리, 아쟁, 장구, 편종, 축이 편성되어 있습니다. 그리고 하월대에 위치한 헌가에는 서쪽에 진고, 어, 편종, 박, 징, 당피리, 태평소가 배치되어 있고 동쪽에는 장구, 축, 편경, 방향, 대금, 해금이 배치되어 있습니다.

남: 무용의 경우에는, 8명씩 8줄로 서서 총 64명이 추는데요, 8명이 줄을 지어 추기 때문에 팔일무라 합니다. 초헌례에서는 왕의 문덕을 칭송하기 위해 보태평지무, 즉 문무를 추고, 아헌례와 종헌례에서는 무공을 기리는 내용의 정대업지무, 즉 무무가 행해지지요.

여: 문무와 무무, 관람자의 입장에서 이 두 가지 춤을 어떻게 구분할 수 있을까요?

남: 문무와 무무는 손에 들고 있는 도구와 춤사위에서 차이가 나기 때문에 쉽게 구분할 수 있습니다. 먼저 문덕을 칭송하는 문무를 출 때에는 지금 보시는 바와 같이 왼손에는 약이라고 하는 대나무 관악기를 들고 오른손에는 꿩 깃털을 단 나무막대인 적을 들고 춥니다. 동작은 허리를 굽히거나 빙빙 도는 춤사위로 부드러운 곡선의 춤 동작을 하지요. 반면에, 무공을 칭송하는 무무를 출 때에는 오른손에만 의물을 들고 추는데요, 무공을 기리는 내용이니만큼 나무로 만든 검이나 창을 들고 춥니다. 춤사위는 역시 무공을 연상시킬 수 있는 각을 이룬 동작과 절도 있는 사위를 구사합니다.

여: 그렇군요. 앞으로 종묘대제를 관람할 때 무용수들이 들고 있는 의물과 춤사위를 보면 현재 진행되고 있는 음악이 문덕을 칭송한 보태평인지 무공을 기리는 정대업인지를 쉽게 알 수 있겠습니다. 오늘 종묘대제가 진행되는 동안 연주와 노래, 그리고 춤이 끊임없이 연행될 텐데요, 여러분들께서는 이 종묘제례악에도 큰 관심을 가지고 관람해 주시기 바랍니다.

各室初獻官監爵(각실초헌관감작)
각실 초헌관은 사준관이 제주를 작에 따르는 것을 살피시오

各室執罇官酌醴齊(각실집준관작예제)

각실 집준관은 희준에 담긴 예제(감주)를 작에 따르시오

樂卒章(악졸장)
악은 종장인 역성(繹成)까지 연주하시오

여: 여러분께서는 지금 국제문화행사 인류무형문화유산, 종묘대제 봉행을 지켜보고 계십니다. 오늘 거행되고 있는 종묘대제에서는 앞서 제관들이 정해진 자리에 서는 취위 절차를 시작으로 청행례와 신관례를 행하면서 신주를 내어 모시고 혼과 백을 모셨습니다. 그리고 궤식례를 통해 제물도 올렸죠. 지금 진행되고 있는 절차는 첫 번째 술잔을 올리는 초헌례입니다. 각 실의 재랑과 집준관들이 제상에 올릴 술잔에 술을 따라 붓고 있고요, 초헌관들은 서서 이를 살펴보고 있습니다.

禮儀使導皇嗣孫詣神位前北向跪(예의사도황사손예신위전북향궤)
예의사는 황사손을 인도하여 신위전에 나아가 북쪽을 향해 꿇어앉도록 아뢰시오

禮儀使跪奏請皇嗣孫搢圭(예의사궤주청황사손진규)
예의사는 꿇어앉아 황사손의 규를 받으시오

各室初獻官詣神位前北向跪搢笏(각실초헌관예신위전북향궤진홀)
각실 초헌관은 신위전에 나아가 북쪽을 향해 꿇어앉은 후 홀을 꽂으시오

執爵獻爵(집작헌작)
작을 받들어 올리시오

남: 지금 각 신실에서는 초헌관들이 제상 앞에 꿇어앉아 첫 번째 술잔을 올리는 의식을 진행하고 있습니다. 각 신실에는 신위가 많게는 네 분까지 모셔있는데요, 이분들께 모두 술잔을 올리게 됩니다. 술은 삼헌, 즉 모두 세 번을 올리게 되는데요, 각 신실의 제상을 보면 모신 신위의 수대로 각각 세 개의 술잔을 올릴 받침대가 마련되어 있습니다.

여: 여러 문화권의 종교의례를 보면 술이 많이 쓰이고 있는 것을 알 수 있습니다. 교수님, 종교의례를 할 때에는 왜 술이 사용될까요?

남: 술은 보통 곡식으로 만듭니다. 그런데 곡식이란 인간의 생명을 근저에서 지탱해주는 아주 중요한 것입니다. 술은 이런 곡식에서 다시 핵심만 추린 것으로 볼 수 있습니다. 왜냐하면, 곡식을 가지고 아주 정성스럽게 빚어야 좋은 술이 나오기 때문입니다. 술은 이처럼 생명의 핵심이기에 많은 종교의례에서 조상들께 올리는 것입니다. 그런가 하면 다른 차원의 이유도 생각해 볼 수 있습니다. 인간은 술을 마시면 보통 때와는 다른 의식 상태로 들어갑니다. 흥이 나게 되는데 이 상태의 강도가 더 세지면 망아경 상태에 들어가 신과 통할 수 있게 됩니다. 한마디로 말해 초월적인 상태로 들어간다는 것이지요. 이런 몇 가지 이유로 인해서 종교 의례에는 술이 많이 쓰이지 않았나 하는 생각을 해봅니다.

제 1실 초헌관인 황사손이 준소에서 제주를 술잔에 따르는 것을 살피고 있는 모습 ⓒ문
화재청

제 1실 초헌관인 황사손이 첫 번째 술잔을 올리는 모습

여: 잠시 후, 각 실의 초헌관이 첫 번째 술잔인 예제, 즉 감주를 올리는 예가 모두 끝이 나면 음악도 그치게 됩니다. 그러면 역대 선왕을 추모하는 축문을 읽는 순서가 진행되는데요, 축문은 각 실의 모든 초헌관과 집사, 참반원이 무릎을 꿇고 앉아 부복하고 있으면 제 1실에서 대축관이 읽습니다. 축문의 내용은 우리가 가정에서 제사를 지낼 때에 읽는 것과 비슷합니다.

남: 그렇습니다. 현 정전 제향에서는 제 1실에서 축문을 읽는데요, 태조와, 함께 모신 두 분의 왕후께 사모의 마음을 담아 정결하게 예를 갖춰 삼가 희생과 폐백, 술과 곡식 등 여러 가지 제수를 올리니 흠향해 주십사 라고 고하는 내용으로 되어있습니다. 잠시 후, 여러분들께서는 대축관이 읽는 축문의 내용을 대형화면을 통해서 확인해 주시기 바랍니다.

各室初獻官俯伏興少退跪(각실초헌관부복흥소퇴궤)
각실 초헌관은 부복했다가 일어나 조금 뒤로 물러서 무릎을 꿇고 앉으시오

諸獻官搢笏(제헌관진홀)
모든 헌관은 홀을 꽂으시오

諸獻官執事及參班員俯伏(제헌관집사급참반원부복)
모든 헌관과 집사 및 참반원은 부복하시오

樂止(악지)

악을 그치시오

各室大祝官東向跪讀祝(각실대축관동향궤독축)

각실 대축관은 동향해 꿇어앉아 축문을 읽으시오

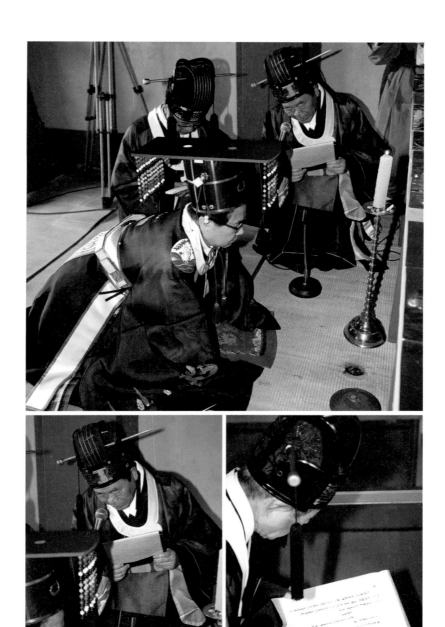

제 1실 초헌관인 황사손이 끓어 앉은 상태에서 대축관이 축문을 읽는 모습

〈 정전 1실 축문(2015년) 〉

維 歲次 乙未 五月 三日(유 세차 을미 오월 삼일)
생각하옵건대 을미년 5월 3일에 이르러

皇嗣孫源敢昭告于(황사손원감소고우)
황사손 원은 감히 아뢰옵니다.

太祖 至仁啓運 應天肇統 廣勳永命 聖文神武 正義光德 高皇帝
(태조 지인계운 응천조통 광훈영명 성문신무 정의광덕 고황제)
태조 고황제와

祖妣 承仁順聖 神懿高皇后 韓氏(조비 승인순성 신의고황후 한씨)
신의 고황후,

祖妣 順元顯敬 神德高皇后 康氏(조비 순원현경 신덕고황후 강씨)
신덕 고황후께

伏以歲序易流當玆令辰(복이세서역류당자영신)
삼가 엎드려 생각하오니 세월이 바뀌어 이 좋은 때를 맞아

采增感慕 聊蕆明禋(미증감모 료천명인)
느끼고 사모하는 마음이 점점 더하여 정결하게 예를 갖추고

謹謹以牲幣醴齊粢盛庶品式陳明薦(근이성폐예제자성서품식진명천)
삼가 희생(犧牲)과 폐백과 예제(감주)와 도량서직 등 여러 가지 제수
를 차려 법도에 따라 올리오니

尚饗(상향)
바라건대 흠향 하시옵소서

樂作(악작)
악을 연주하시오

禮儀使跪奏請皇嗣孫興平身(예의사궤주청황사손흥평신)
예의사는 꿇어앉아 황사손께 일어나도록 아뢰시오

諸獻官執事及參班員興平身執笏(제헌관집사급참반원흥평신집홀)
모든 헌관과 집사 및 참반원은 일어나 홀을 잡으시오

禮儀使導皇嗣孫降復位(예의사도황사손강복위)
예의사는 황사손께서 제자리로 내려가시도록 인도하시오

贊儀引各室初獻官降復位(찬의인각실초헌관강복위)
찬의는 각실 초헌관을 인도하여 제자리로 내려가시오

(제관의 복식과 규모)

여: 조상들께 첫 번째 술잔을 올리고 축문을 읽는 순서가 끝났습니다. 이제 제 1실의 초헌관을 맡은 황사손 이하 각 실의 모든 초헌관과 제관들이 제자리로 돌아가고 있습니다. 그러면 그 동안에 제관들의 복식에 대한 이야기를 잠시 나눠볼까요? 여러분들께서 보시는 바와 같이 황사손이나 제관들이 입고 있는 제복들을 보면 최고의 격식을 갖추고 있는 것을 알 수 있습니다.
종묘제례는 국가의 가장 큰 제례였기 때문에 장엄하게 제복을 갖춘

홀을 들고 있는 황사손의 모습 ⓒ문화재청

것이겠지요. 그런데 제관들이 입은 제복은 사실 관리들이 조정에서 축하하는 하례를 할 때 입는 조복(朝服)과 거의 같습니다. 각대나 홀, 패옥, 버선, 신발 등이 그렇습니다. 다른 것이 있다면 조복은 화려한 적색을 쓴 반면 종묘제례의 제복은 흑색을 사용하고 있다는 점이죠. 이 가운데 가장 장엄한 제복을 입은 분은 물론 황사손이겠죠.

남: 그렇습니다. 면복과 면류관을 착용했는데요, 조선의 국왕은 원래 아홉 가지 상징이 들어간 구장 면복을 입고 아홉 줄의 구슬꿰미가 늘어진 면류관을 썼습니다. 그러나 대한제국에서 황제로 격상된 다음에는 황제의 옷인 십이장복과 열두 줄의 면류관을 쓰고 있습니다.

여: 십이장복에 새긴 열두 가지 문양에는 해, 달, 별, 용, 불, 원숭이, 꿩과 같은 자연의 사물과 동물들의 모습이 포함되어 있습니다. 그리

고 면류관 앞에 길게 늘어진 구슬꿰미를 '류(旒)'라고 하는데요, 이 류를 길게 늘어뜨리는 이유는, 눈에 보이는 대로만 판단하지 말고 작은 허물은 덮을 줄 아는 너그러운 군주가 되라는 의미가 있다고 합니다.

남: 한편 제관들은 모두 양관을 쓰고 있습니다. 이 양관의 앞면 상단에 새겨진 황금색 세로줄의 숫자에 따라 품계를 달리합니다. 패옥이나 대(帶), 홀 등도 품계에 따라 각기 다른 재료를 사용하여 만든 것입니다.

여: 그런데요 교수님, 중간 중간에 '집홀(執笏)'이라는 호명이 자주 나오고 있습니다. 홀을 잡으라는 이야기인데, 홀이라는 것이 무엇인가요?

남: 네, 홀은 관리들이 조복을 입고 조정에서 행사를 할 때 손에 쥐고 있는 대를 말하는데요, 왕이 드는 홀은 따로 '규(圭)'라고 이릅니다. 모양을 보면요, 위는 둥글고 아래는 네모나게 생겼습니다. 제관들의 품계에 따라서 상아(3품관 이상)와 나무로 만든 것으로 구분되는데요, 특별히 황제의 것은 백옥으로 만들고 왕의 것은 청옥으로 만들었습니다. 이 홀은 제관들로 하여금 제례가 진행되는 동안 몸가짐을 바르게 하고 앞만 바라보도록 하던 장치였습니다. 모든 제관들은 손을 써야 할 때를 제외하고는 반드시 양손으로 이 홀을 잡고 있어야 합니다. 홀을 잡을 때에는 오른손으로 잡고 왼손으로 감싸서 배꼽 부분에 가볍게 대야 하는데요, 45도 각도를 유지해야 합니다. 제관들은 제례가 진행되는 내내 집례의 창홀에 따라서 홀을 잡고 있거나 제복

에 있는 홀주머니에 꽂기를 반복하게 됩니다. 예를 들어서 '제집사진홀(諸執事搢笏)'이라는 창홀이 나오면 제관들은 잡고 있던 홀을 왼쪽 가슴에 있는 홀주머니에 꽂은 후에 이어지는 창홀에 따른 봉무를 행하고요, '집홀(執笏)'이라는 창홀이 나오면 홀을 꺼내서 잡게 됩니다.

여: 그렇군요. 여러분들께서는 지금 초헌례를 마치고 나온 제관들이 집홀, 그러니까 홀을 잡고 제 자리를 향해 걸어가고 있는 모습을 보고 계십니다. 종묘대제에는 헤아릴 수 없을 만큼 대단히 많은 제관들이 참여를 하고 있습니다. 그렇다면 교수님, 이번에는 종묘대제에 얼마나 많은 제관이 참여하고 있는지 그 면모를 살펴볼까요?

남: 네. 우선 정전과 영녕전에는 각각 제사의 진행을 돕는 집례나 찬의, 예의사 등의 제관들이 기본적으로 참여를 합니다. 아울러 각 신실에는 제사를 거행하는 제관들이 나누어 들어가게 되는데요, 여기에는 초헌관, 아헌관, 종헌관을 비롯해 조금 전에 보신 것처럼 대축관이나 재랑, 집준관 등의 제관들이 여덟 명씩 배치되어 있습니다. 이런 제관들의 수를 모두 계산해보면 정전에 180명, 영녕전에 138명, 공신당에 2명, 이렇게 해서 무려 320명이라는 엄청난 규모가 됩니다.

여: 여기에 악사와 무용수를 더하면 훨씬 더 많은 인원이 참여하고 있는 것이 되겠지요?

남: 그렇습니다. 그런데 지금까지의 인원은 종묘대제에 직접 출현하

는 분들을 기준으로 말씀드린 것이고 안팎에서 참여한 분들까지 합하면 그 참가인원은 아마도 천 명이 넘을 겁니다.

여: 엄청나군요. 이렇게 대규모의 인원이 참여하고 있는 종묘대제는 종묘제례악과 더불어 지난 2001년이죠. 한국의 무형유산 가운데는 첫 번째로 유네스코 인류무형유산에 등재되었습니다.

禮儀使導皇嗣孫入小次(예의사도황사손입소차)
예의사는 황사손을 소차로 인도하시오

여: 네, 이제 제 1실의 초헌관을 맡았던 황사손이 예의사의 안내를 받으며 쉬는 곳인 소차로 가고 있습니다. 이어지는 아헌례와 종헌례의 헌관은 왕비를 배출한 성씨의 후손들과 전주 이씨 문중 어른들이 맡고 있기 때문에 초헌관이었던 황사손은 쉬러 가는 것입니다.

남: 황사손이 소차에 들어가면 음악이 그치고 초헌례가 모두 끝이 납니다. 그러면서 무용수인 일무원들도 교대가 되는데요, 문무 일무원이 나가고 무무 일무원이 들어옵니다. 일무원들이 교대하는 이유는, 초헌례에서는 왕의 문덕을 칭송하기 위해 보태평지무, 즉 문무를 춘 반면에 다음 순서인 아헌례에서는 왕의 무공을 기리기 위해 정대업 지무, 즉 무무를 추기 때문이죠. 현재 종묘대제에서는 일무원들이 교체되지는 않고 제 자리에서 의물만 바꾸어 드는 것으로 진행됩니다.

여: 보태평지무와 정대업지무는 앞서 말씀드렸듯이 손에 들고 있는

의물이 다릅니다. 문덕을 칭송하는 보태평지무를 출 때에는 지금 보시는 바와 같이 왼손에는 대나무 관악기를, 오른손에는 꿩 깃털이 달린 나무막대를 들고 춥니다. 춤사위는 부드럽고 완만합니다.

남: 반면에 잠시 후 아헌례 때 행해질 무공을 기리는 내용의 정대업지무를 출 때에는 오른손에만 도구를 드는데요, 앞의 네 줄은 나무로 만든 칼을, 뒤의 네 줄은 나무로 만든 창을 들고 춥니다. 춤사위는 보태평지무에 비해 딱딱하고 절도가 있습니다.

여: 종묘제례 때 행해지는 춤은 차례가 있어서 나가고 그치는 것에 법도가 있다고 하지요. 여러분들께서는 종묘대제의 핵심 가운데 하나인 연주, 노래, 그리고 춤에도 계속해서 큰 관심을 가지고 관람해 주시기 바랍니다.

악지(樂止)
음악을 그치시오

保太平之舞退定大業之舞進(보태평지무퇴정대업지무진)
문무(文舞) 일무원은 나가고, 무무(武舞) 일무원이 나오시오

초헌례를 마치고 나니 어느덧 6시가 조금 넘었다.

6) 아헌례

行亞獻禮(행아헌례)
아헌례를 행하겠습니다.

여: 이어서 신이 즐기는 절차 가운데 두 번째 술잔을 올리는 아헌례를 시작하겠습니다. 술잔을 올리는 방식은 초헌례와 같지만 축문 낭독이 없고요, 술도 초헌례 때와는 달리 탁주(앙제)를 씁니다. 음악은 무공을 칭송하는 정대업이 행해집니다.

贊儀引各室亞獻官詣盥洗位洗訖(찬의인각실아헌관예관세위세흘)
찬의는 각실 아헌관을 인도하여 관세위로 나아가 손을 씻게 하시오

남: 두 번째 술잔을 올리는 아헌례가 시작되었습니다. 아헌례는 왕세자가 신에게 두 번째 술잔을 올리는 예입니다. 원래 국가제향에서 두 번째 술잔을 올리는 아헌관은 왕세자나 관직을 가진 관리들이 맡았습니다. 지금은 그렇게 할 수가 없죠. 오늘날 정전 제향의 아헌관은 왕비를 배출한 29개 성씨 문중에서 추천받은 분들이 돌아가면서 맡고 있습니다.

여: 네, 각 신실의 아헌관들은 찬의의 안내를 받으며 관세위에서 손을 씻고 계단을 올라가 각 신실 입구에 마련된 준소, 즉 술과 술잔이 준비된 상 앞에 서게 됩니다.

贊儀引各室亞獻官陞自東階詣尊所西向立(찬의인각실아헌관승자동
계예준소서향립)
아헌관은 동쪽 계단으로 올라가 준소 앞에 이르러 서쪽을 향해 서시오

軒架作定大業之樂定大業之舞作(헌가작정대업지악정대업지무작)
헌가에서 정대업지악을 연주하고 일무원은 정대업지무를 추시오

여: 아헌관들이 준소에 오르는 동안 또 말씀을 나눠보겠는데요, 이번에는 여러분께 꽤 익숙한 표현을 들어보겠습니다. 우리가 사극을 보면요, 대신들이 왕과 함께 국무회의를 할 때 종종 '전하! 이 나라의 종묘와 사직을(혹은 종사를) 어찌하려 하시옵니까'라는 대사가 나옵니다. 여기에 종묘가 등장하는데요, 교수님, 이 대사는 어떤 의미를 담고 있나요?

남: 네, 이 말은 나라가 위험에 빠지는 상황에서 단골로 등장하는 표현입니다. 여기에 나오는 종묘와 사직은 왕권을 상징하는 두 가지를 말합니다. 종묘와 사직이 왕권을 상징한다고 보는 것은 고대 중국에서 비롯된 제도입니다. 중국에서는 궁궐을 세우면 그 왼쪽에는 종묘(혹은 태묘)를 세웠고 오른쪽에는 사직단을 세웠습니다. 조선에서도 궁궐의 왼쪽과 오른쪽에 각각 종묘와 사직단을 세웠죠. 종묘가 왕들에게 제사 지내는 곳이라면 사직단은 땅과 곡식의 신에게 제사를 지내는 곳입니다.

여: 그렇다면 종묘와 사직 제사가 구체적으로 어떤 의미에서 왕권을

상징한다고 할 수 있는 것인지요.

남: 네. 종묘 제사 즉, 역대 왕(그리고 왕비)들에게 제사를 지내는 것은 사실 가부장제인 유교 국가에서는 당연한 일입니다. 그리고 사직, 즉 땅과 곡식의 신에게 제사 지내는 것은 이런 종묘 제사와는 다른 의미에서 중요합니다. 우리 인간은 어버이에게서 생명을 얻지만, 그 생명을 유지하기 위해서는 아시다시피 곡물을 취해야 합니다. 그런데 쌀을 비롯한 곡물은 모두 땅에서 나옵니다. 따라서 땅과 곡물이야말로 우리의 목숨 부지에 없어서는 안 되는 것임을 알 수 있습니다. 이러한 땅(社)과 곡물(稷)에 대한 고마운 마음과 숭경의 뜻을 담아 지내는 게 바로 사직단에서 지내는 제사입니다. 그런 의미에서 종묘와 사직 제사는 곧 왕권을 상징한다고 하겠습니다.

여: 그렇군요. 그런데 종묘와 사직 두 제사는 음양으로 볼 때 서로 보완하는 성질을 갖고 있다고 합니다.

남: 맞습니다. 역대 왕에 대한 제사는 남자에게 드리는 제사이므로 양의 원리를 대표합니다. 반면에 사직은 땅에 대한 것이므로 음의 원리를 대표합니다. 이렇게 종묘 제사는 양, 사직 제사는 음에 해당되므로 이 두 제사는 음양의 원리를 대표하고 있음을 알 수 있습니다.

여: 음양의 원리를 대표하는 종묘와 사직 제사를 동시에 지낼 수 있는 유일한 사람은 다름 아닌 왕입니다. 또한 음양의 힘을 조화롭게 만들어서 나라를 평안하게 만들 수 있는 것도 오직 왕만이 할 수 있

각 실의 아헌관을 비롯한 제관들이 두 번째 술잔을 올리기 위해 앉아있는 모습ⓒ문화재청

는 일입니다.

남: 그렇습니다. 이러한 사실은 왕이 그 왕조의 최고 권력자라는 것을 의미합니다. 따라서 왕이 종묘와 사직 두 제사를 모두 지내는 일은 자신이 명실공히 이 나라의 최고 통치자라는 것을 확인시키는 일이라 하겠습니다.

여: 네, 이제 두 번째 술잔을 올릴 각 실의 아헌관들이 대부분 각자가 맡은 신실 입구(준소)에 도착한 것 같습니다.

各室亞獻官監爵(각실아헌관감작)
각실 아헌관은 사준관이 제주를 작에 따르는 것을 살피시오

各室執罇官酌盎齊(각실집준관작앙제)
각실 집준관은 상준에 담긴 앙제(탁주)를 작에 따르시오

樂卒章(악졸장)
악의 종장인 영관(永觀)까지 연주하시오

여: 지금 각 실의 아헌관을 비롯한 제관들이 조상들께 두 번째 술잔을 올릴 준비를 하고 있습니다. 사준관과 집준관이 앙제라고 하는 탁주를 떠서 제상에 올릴 술잔에 따르고 있는데요, 술잔은 첫 번째 술잔을 올릴 때와 마찬가지로 각 신실에 모신 모든 신위의 수대로 준비합니다. 정전에 모신 신위는 모두 마흔아홉 분이고 하나의 신실에는 많게는 네 분이 모셔져 있습니다.

남: 음악은 조상들의 무공을 칭송하는 정대업이 헌가에서 행해지고 있는데요, 오늘 종묘대제에서 처음으로 나왔죠. 정대업은 조상들의 무공을 칭송하는 내용이니만큼 음악의 분위기나 춤사위가 앞서 행해진 보태평과는 확실히 다릅니다. 앞서 집례가 '樂卒章(악졸장)'이라 한 것은 11곡으로 된 정대업의 마지막 곡인 영관까지 연주하라는 뜻입니다. 그런데 오늘날 종묘대제에서는 11곡 전곡을 연주하지는 않습니다. 앞서 초헌례 때 행한 보태평을 연주할 때에도 그랬는데요, 전곡을 행하지 않는 이유는 예가 간소화되었기 때문입니다. 그렇지만 첫 번째 곡과 마지막 곡은 반드시 연주됩니다. 큰 틀은 보태평이나 정대업이나 같습니다. 정대업의 경우 첫 번째 곡은 소무라는 곡인데요, 이 곡은 하월대 동편에 위치한 헌관들이 각자가 맡은 신실을

향해 발걸음을 떼면서부터 시작하여 술을 준비하는 준소에 서는 동안에 연주됩니다. 그리고 각 신실에서 예를 행하는 동안에는 두 번째 곡(독경)부터 열 번째 곡(혁성)까지를 연주하는 것을 원칙으로 하되, 연주 중간이라도 모든 헌관이 예를 마치면 언제든지 신호에 따라 영관이라고 하는 마지막 곡으로 넘어가서 그들이 제자리로 내려갈 때까지 연주됩니다. 그래서 제례를 진행하는 집례와 음악을 진행하는 집사 간의 호흡이 매우 중요합니다. 정대업은 종헌례 때에도 연주되는데 연주 방식은 방금 말씀드린 것과 같습니다.

여: 그렇군요. 정대업은 무공을 칭송하는 내용이니 만큼 음악의 분위기나 춤사위가 확실히 보태평과는 다른데요, 특히 태평소 소리가 크게 들리는 게 인상적입니다. 그런데 여러분들께서는 혹시 노래 소리도 들리시는지요. 사실 악대에서 노래를 부르고 있다는 것은 쉽게 알아채기가 어렵습니다.

남: 그렇습니다. 종묘제례 때 부르는 노래는 따로 악장이라 일컫는데요, 악장은 조상들께 하고 싶은 말을 선율과 리듬에 얹어 부르는 노래입니다. 그런데 이 노래가 좀처럼 들리지 않는 이유는, 우선 목소리가 악기 소리에 묻혀 상대적으로 작게 들리기 때문입니다. 게다가 노랫말이 전부 한시입니다. 3글자 내지는 5글자로 된 4행시부터 12행시까지 다양한데요, 문제는 이 한시를 부르는 방법에 있습니다. 한 글자 한 글자를 매우 길게 늘리고 분리해서 발음합니다. 그래서 노래를 하고 있다는 사실은 물론이고 설령 노랫소리가 들린다 하더라도 그 뜻은 전혀 알아들을 수 없는 겁니다.

여: 그렇군요. 그렇다면 이 종묘 악장의 노랫말은 어떤 내용으로 되어있나요?

남: 네. 종묘 악장의 가사는 제사를 올리는 의미나 조상들께 지금 하고 있는 절차에 대해 고하는 내용, 역대 왕들이 태평을 유지한 공로, 그리고 후손과 나라가 영원히 잘 되기를 바라는 내용 등이 매우 상세하게 묘사돼 있습니다. 그러면 정대업의 첫 곡인 소무의 가사를 소개해 보겠습니다.

여: 네. 소무는 5글자로 된 4행시인데요, 해설까지 같이 읽어드리겠습니다. 天眷我列聖(천권아열성), 하늘께서 여러 성군 돌보시고 도우시사. 繼世昭聖武(계세소성무), 대를 이어 성스러운 무공을 밝히셨도다. 庶揚無競烈(서양무경열), 비길 바 없는 큰 공적을 드러내고자. 是用歌且舞(시용가차무), 이에 여기에서 노래하고 춤을 추나이다. 역시 한자로 된 노랫말을 이해하는 것은 쉽지 않겠습니다만 종묘 악장, 그러니까 노래에도 관심을 가져주시기 바랍니다.

남: 이제 각 실의 모신 신위 수에 맞게 술잔을 다 채워서 준비해놓은 것 같죠? 곧 아헌관들은 신실 안으로 들어가서 제상에 술잔을 차례로 올리게 됩니다.

各室亞獻官詣神位前北向跪(각실아헌관예신위전북향궤)
각실 아헌관은 신위전에 나아가 북쪽을 향해 꿇어앉으시오

各室亞獻官搢笏(각실아헌관진홀)
각실 아헌관은 홀을 꽂으시오

執爵獻爵(집작헌작)
작을 받들어 올리시오

여: 네, 지금 각 실의 아헌관들이 두 번째 술잔을 정성스럽게 올리고 있습니다. 각 신실에 마련된 제상을 보면요, 한 분의 신위 당 세 개의 술잔을 올리도록 받침대가 놓여있는데요, 지금 그곳에 두 번째 술잔을 올려놓음으로써 이제 술잔을 올릴 자리는 하나씩만 남게 됩니다. 두 번째 술잔을 올리는 동안 교수님께 궁금한 것을 또 한 가지 여쭤볼까 합니다. 오늘 제례가 진행되는 동안 집례가 순서를 부르는 창홀 말고도 중간 중간에 어떤 분이 '드오'나 '지오'라고 하는 말이 들렸는데요, 아마 여러분들께서도 궁금하셨을 겁니다. 교수님, 이게 무엇을 하라는 말인지요.

남: 네, '드오'나 '지오'라는 말은 음악의 진행과도 관련이 있는 신호입니다. 종묘제례악은 연주의 시작과 끝맺는 방법이 매우 독특합니다. 음악을 시작하는 것을 '악작'이라 하고 끝맺는 것을 '악지'라고 하는데요, 대형 깃발인 '휘'가 세워지면 악작, 즉 일제히 음악이 시작되고 '휘'를 내리면 음악은 그치는 절차, 즉 악지가 진행됩니다. '드오'와 '지오'는 음악 지휘자 격인 집사 악사가 이 휘라는 깃발을 들고 내리라는 신호로 부르는 말입니다. 그러니까 집사 악사가 들라는 뜻의 '드오'를 외치면 휘를 들어 올려 음악을 시작하고, 내리라는 뜻의 '지오'를 외

치면 휘를 내림과 동시에 음악을 그치는 절차를 진행하는 겁니다.

여: 그렇군요. 그런데 보태평과 정대업의 악작과 악지는 절차마다 조금씩 다르다고 하지요.

남: 네. 맞습니다. 음악을 시작하고 끝내는 절차는 보태평과 정대업이 다르고, 또 같은 정대업이라고 해도 절차에 따라 조금씩 차이가 납니다. 음악을 시작하는 악작부터 보면요, 보태평을 연주하는 초헌례 때에는 '드오'에 맞춰 제일 먼저 휘가 들려지고 박을 한 번 친 다음에 축과 절고라는 타악기가 일정한 패턴으로 주고받기를 세 차례 반복한 다음, 다시 한 번 박을 치면 비로소 본격적인 연주가 시작됩니다.

여: 아헌례와 종헌례에서는 모두 정대업이 연주되지만 두 절차는 악작, 그러니까 도입 부분이 서로 다르다고요?

남: 그렇습니다. 아헌례에서는, 앞서 보셨는지 모르겠습니다만, 국악기 중에서 가장 큰 북인 진고가 등장합니다. 악작의 마지막 부분에서 진고를 10번 친 후에 박을 한 번 치면 일제히 연주가 시작되지요. 그런데 종헌례의 악작에서는 축과 진고가 주고받기를 세 번 하면 연주가 시작됩니다. 특히 보태평을 연주하는 초헌례와는 다르게 아헌례과 종헌례에서 큰 북을 치는 이유는 정대업이 조상들의 무공을 상징하는 음악이기 때문에 장중한 분위기를 자아내기 위해서일 것입니다.

여: 그렇다면 음악을 그치는 악지 절차는 어떻게 진행되나요?

남: 네. 초헌례와 아헌례의 경우는, 집사 악사가 '지오'를 외치면 휘가 내려집니다. 그러면 앞서 언급한 타악기들이 일정한 패턴으로 주고 받기를 반복한 다음, 마지막으로 호랑이 모양의 어를 방식에 맞게 세 번 치면 음악이 그치게 됩니다. 종헌례에서는 마지막에 어와 함께 징 을 열 번 침으로써 음악이 마무리됩니다.

여: 지금까지의 설명에서 흥미로운 점은 큰 깃발, 즉 휘를 세우고 내 리는 역할을 맡은 악사입니다. 이 악사는 집사 악사의 신호에 따라 깃발을 들고 세우는 일만을 담당하고 있어서 눈길을 끕니다.

各室亞獻官俯伏興平身(각실아헌관부복흥평신)
각실 아헌관은 부복했다가 일어서시오

執笏(집홀)
홀을 잡으시오

贊儀引各室亞獻官降復位(찬의인각실아헌관강복위)
찬의는 각실 아헌관을 인도하여 제자리로 내려가시오

(왕의 여러 이름에 대해)

남: 방금 전 조상들께 두 번째 술잔을 올린 각 실의 아헌관들에게 원

래의 자리로 돌아가라는 창홀이 있었습니다. 아헌관들은 찬의의 인도로 동쪽 끝으로 걸어가서 계단을 내려가 하월대로 자리하게 되는데요, 그러면 음악이 그치고 아헌례가 끝이 납니다.

여: 아헌관들이 제자리로 가는 데는 역시 시간이 조금 걸립니다. 그래서 이번에는 이곳 종묘에 모셔진 조선 왕들의 개인적인 정보를 좀 알아볼까 합니다. 교수님, 우선 조선 왕들의 평균 수명이 어느 정도였는지요. 얼마나 사시다가 이곳으로 오셨는지 궁금합니다.

남: 네, 영조 같은 경우는 83세까지 사셨지만 이는 매우 예외적인 경우입니다. 조선 왕들의 평균 수명은 약 45세 정도라고 합니다. 세종대왕은 53세에 승하하셨는데요, 당시 조선 왕과 국민의 평균수명에 빗대 보면 그래도 장수한 격에 속한다고 할 수 있겠습니다.

여: 다른 나라의 왕들에 대해서는 잘 모르겠습니다마는 조선의 왕들은 장수한 분이 많지 않으신데요, 특별한 이유가 있었을까요?

남: 글쎄요. 아마도 과도한 업무 때문에 생기는 엄청난 스트레스와 영양 과다. 그리고 운동 부족을 가장 큰 이유로 들 수 있을 겁니다. 특히 운동 부족은 치명적이었던 것 같습니다. 왕은 사정상 적절한 운동을 하지 못한 것으로 보입니다.

여: 그렇군요. 그런데 조선의 왕들은 사시는 동안 이름이 많게는 여섯 개 까지 있었다고 하지요?

남: 네, 맞습니다. 조선 왕들에게는 이름이 많았습니다. 양반들도 이름이 여럿 있는데 왕은 그 양반들보다 이름이 더 많을 수밖에 없었습니다. 그렇게 된 사정을 한 번 보지요. 왕에게는 우선 이성계, 이방원, 이산과 같이 태어나면서 붙여지는 이름이 있습니다. 이게 본명인 셈이죠. 그런데 이 이름에 특이한 점이 있습니다. 조선 국왕 스물일곱 분 가운데 단 네 분이죠. 즉 태조, 정종, 태종, 단종을 제외하고는 모두 외자 이름을 사용한다는 사실입니다. 세종의 이름은 '도', 정조의 이름은 '산'이지 않습니까? 다른 왕은 몰라도 정조의 이름은 드라마 덕에 우리에게 아주 익숙합니다.

여: 아, 그렇군요. 그렇다면 당시 조선 왕가에서는 왜 외자로 된 이름을 썼을까요?

남: 당시 왕의 이름은 누구도 함부로 부를 수 없었고, 또 이름에 쓰인 문자는 문서에도 함부로 쓸 수 없었습니다. 그래서 왕이 될 가능성이 있는 왕자의 이름은 아예 실생활에서 잘 쓰이지 않는 한자를 써서 만들었다고 합니다. 그러니까 백성들을 고려해서 이름을 그렇게 만든 것입니다.

여: 그렇군요. 그런데 태어나서 붙이는 이름 이외에도 성인이 되어서 관례를 치르고 나면 붙이는 이름이 또 있죠?

남: 네. 성인으로서의 이름인 '자'를 받습니다. 또한, 자신이 스스로를 표하기 위해서 붙이거나 스승 또는 친구들이 붙여주는 이름인 '호'가

있습니다. 이 '자'와 '호'는 모두 태어나서 붙여진 원래 이름을 공경해서 마구 부르기를 꺼리는 데서 비롯된 것이라고 합니다. 사실 본 이름은 부모나 임금 외에는 부를 수 없기 때문에 이렇게 대체 이름이 많이 생긴 것입니다.

여: 그렇군요. 그런데 '자'와 '호'는 귀족들도 다 갖고 있는 이름이잖아요? 이것 이외에도 임금만이 갖고 있던 특별한 이름도 있을 것 같습니다.

남: 네 맞습니다. 조선 국왕은 승하 후에 이름을 또 받습니다. 여기에는 두 가지가 있는데요, '시호'와 '묘호'가 바로 그것입니다. 이는 둘 다 신하들이 짓습니다. 왕이 죽은 다음에 짓는 이름이니 그럴 수밖에 없겠지요. 먼저 시호는 국왕이 승하한 후 신하들이 왕의 일생과 업적을 평가하여 그 공덕을 기리기 위해 지은 이름입니다.

여: 세종의 다른 이름인 '장헌'이 바로 승하 후에 받은 '시호'가 되겠군요.

남: 맞습니다. 그리고 앞서 말씀드렸듯이 국왕이 승하한 후에 붙여지는 이름이 또 있습니다. 이것을 '묘호'라고 하는데 이는 '종묘에서 부르는 호칭'을 말합니다. 그런데 사실 이 이름이 우리에게 가장 익숙한 왕의 호칭입니다. 우리가 왕들을 부를 때 흔히 쓰는 호칭인 태조, 세종, 숙종 등이 바로 이 종묘에 모시면서 붙인 '묘호'입니다.

여: 아, 그렇군요. 그런데 묘호는 언제 짓는 것인가요?

남: '묘호'는 승하한 후에 바로 짓는 것이 아닙니다. 국왕이 세상을 떠나면 수개월에 걸친 장례 절차가 거행되고 시신을 능에 안치하고 나서도 오랜 시간 동안 애도의 예를 갖췄습니다. 그렇게 해서 3년 상이 끝나게 되면 그동안 '혼전'이라는 곳에 모셔두었던 왕의 신주는 마침내 종묘에 들어가게 되는데요, 바로 이때, 종묘에서 부르는 호칭인 '묘호'가 정해지는 겁니다. 이 '묘호' 역시 왕의 일생을 평가하여 신하들이 결정합니다.

여: 네, 우리가 잘 알고 있던 조선 왕들의 호칭이 이 종묘에 신주를 모시면서 지어진 것이었군요. 신주에는 '묘호와 시호'는 물론 왕의 경우에는 존호, 왕후의 경우에는 휘호가 적혀 있습니다.

남: 그런데 잘 알려진 것처럼 이 '묘호'는 '조(祖)' 또는 '종(宗)'을 붙여 지었습니다. 어떻게 구분해서 조와 종을 붙이는지에 대해서는 설이 분분합니다마는 대체로 '조'는 나라를 세우고 개혁의 공이 탁월한 왕에게 붙었고, '종'은 덕이 출중한 왕에게 붙이는 것이 관례였다고 합니다.

樂止(악지)
악을 그치시오

7) 종헌례

行終獻禮(행종헌례)
종헌례를 행하시오

> **여:** 신이 즐기는 절차 가운데 마지막 절차인 종헌례를 시작하겠습
> 니다. 종헌례는 세 번째 잔을 올리는 의식을 말합니다. 술은 청주를
> 올리고 음악은 아헌례 때와 마찬가지로 헌가에서 조상들의 무공을
> 칭송하는 정대업이 행해집니다.

贊儀引各室終獻官七祀獻官功臣獻官詣盥洗位洗訖(찬의인각실종
헌관칠사헌관공신헌관예관세위세흘)
찬의는 각실 종헌관, 칠사헌관, 공신헌관을 인도하여 관세위로
나아가 손을 씻게 하시오

贊儀引各室終獻官陞自東階詣罇所西向立(찬의인각실종헌관승자
동계예준소서향립)
종헌관은 동쪽 계단으로 올라가 준소 앞에 이르러 서쪽을 향해 서시오

贊儀引七祀獻官功臣獻官詣七祀功臣尊所西向立(찬의인칠사헌관공
신헌관예칠사공신준소서향립)
찬의는 칠사헌관, 공신헌관을 인도하여 칠사공신 준소로 가 서향
하여 서시오

사회석 뒤로 보이는 건물이 공신당이다.

칠사당

軒架作定大業之樂定大業之舞作(헌가작정대업지악정대업지무작)

헌가에서는 정대업지악을 연주하고, 일무원은 정대업지무를 추시오

(공신당과 칠사당에 대하여)

여: 종헌례가 시작되었습니다. 마지막 술잔을 올리는 종헌관은 조선 시대 때는 영의정이 맡았습니다. 현재는 전주 이씨 문중에서 맡고 계십니다. 술잔을 올리는 방식은 초헌례나 아헌례와 같은데요, 지금 보시는 바와 같이 오늘 종헌 의식을 맡은 종헌관, 칠사헌관, 공신헌관이 신실을 향해 발걸음을 옮기기 시작했습니다. 한 걸음 한 걸음 경건한 마음으로 정성과 예를 갖춰 신실을 향해 가고 계신데요, 이분들은 먼저 관세 위에서 손을 씻고 동쪽 계단을 올라가 각자가 맡은 신실 입구에 마련된 준소에 가서 서게 됩니다. 역시 시간이 조금 걸립니다. 그동안 이곳 정전 영역의 또 다른 제례 공간에 대해 말씀을 나눠보겠습니다.

남: 네. 지금 제향이 행해지고 있는 이곳 정전 영역에는, 앞서 말씀드렸듯이 정전 건물과 마주 보고 있는 두 개의 제례 공간인 칠사당과 공신당이 있습니다. 모두 하월대 밑에 건설되어 있는데요, 이곳에서도 각각 제향 절차가 진행됩니다. 우선 이곳 사회석 뒤쪽에 있는 건물이 공신당입니다. 공신당은 정전에 모신 왕들을 보필하면서 국정 운영에 공로가 큰 신하들의 위패를 모신 곳입니다.

여: 현재 공신당에는 여든세 분을 모시고 있는데요, 우리에게 잘 알

려진 분들도 많죠?

남: 네, 그렇습니다. 예를 들어 천 원짜리 지폐에 그려있는 퇴계 이황 선생이나, 5천 원짜리 지폐에 그려있는 율곡 이이 선생, 그리고 한명회, 송시열, 신숙주 등을 포함하여 역사책에 나오는 유명한 인물들의 위패가 바로 이곳 공신당에 모셔져 있습니다. 그런데 이분들은 왕과 격이 다른 관계로 보시는 바와 같이 하월대 밑에 건설되어 있습니다.

여: 그리고 공신당과 대조가 되는 곳에도 건물이 있죠. 바로 칠사당 이라고 하는 곳인데요, 여기에는 일곱 위의 토속신을 모시고 있습니다. 그들은 차례로 사명과 사호, 사조와 중류신, 국문과 공려, 국행지신입니다. 이전에는 이들에게 각각 봄, 여름, 가을, 겨울에 제사를 지냈습니다마는 현재는 종묘대제 때 같이 지내고 있습니다.

남: 사실 제가 종묘대제에서 가장 잘 모르는 부분이 바로 이 칠사당에 모셔져 있는 일곱 위의 토속신들입니다. 칠사당은 인간의 삶과 생활을 관장하는 일곱 신을 모셔놓고 제사를 지내는 곳으로 알려져 있습니다. 그래서 칠사당은 강릉 단오제 같은 다른 큰 의례에도 등장합니다. 그리고 여기에 모셔져 있는 칠사는 인간의 수명이나 상벌, 거주지, 음식, 성문의 출입, 문지방 출입 등등의 일과 관계된 신들이라고 알려져 있습니다. 그런데 문제는 이 종묘의 칠사당에 모셔져 있는 신들의 이름이 매우 생소하다는 것입니다. 제가 지금까지 민간신앙을 공부하면서 한 번도 접해보지 못한 신들이기 때문에 그렇습니다. 아무튼 더 연구해야 할 과제입니다.

各室終獻官七祀獻官功臣獻官監爵(각실종헌관칠사헌관공신헌관감작)
각실 종헌관 칠사헌관 공신헌관은 제주를 작에 따르는 것을 살피시오

各室執罇官清酒(각실집준관청주)
각실 집준관은 산뢰에 담긴 청주를 작에 따르시오

樂卒章(악졸장)
악의 종장인 영관(永觀)까지 연주하시오

　여: 여러분들께서는 지금 종묘대제를 보고 계십니다. 헌가에서 조상
　들의 무공을 드러내는 정대업이 행해지고 있는 가운데 마지막 술잔
　을 올리기 위해 각 실의 종헌관을 비롯한 제관들이 정성을 다해 청
　주를 따라 준비를 하고 있습니다.

아헌례와 종헌례의 헌가, 정대업지악

남: 종묘제례의 역사는 짧게 잡으면 약 600여 년입니다. 하지만 길게 잡으면 이 의례가 중국에서 수천 년 전부터 행해지던 고대 의례로부터 비롯된 것이기 때문에 수천 년이 된다고도 할 수 있습니다. 이런 유서 깊은 왕실의 의례가 바로 종묘대제를 통해서 현재 우리나라에만 남아 있기 때문에 종묘대제의 가치는 실로 엄청나다고 하겠습니다.

여: 그렇습니다. 종묘대제와 종묘제례악은 민관의 끊임없는 노력에 힘입어 2001년에 유네스코의 "인류구전 및 무형유산걸작"에 등재되었습니다. 제향 공간인 종묘 역시 그 건축학적인 가치를 인정받아 1995년에 유네스코 세계문화유산에 등재되었는데요, 이렇게 두 개의 세계유산을 품고 있는 종묘대제는 이제 국가적 행사를 넘어서 국제적인 행사로 크게 주목받고 있습니다.

남: 네. 이제 정전에 모신 모든 조상께 올릴 마지막 술잔이 다 준비된 것 같습니다.

各室終獻官神位前跪(각실종헌관신위전궤)
각실 종헌관은 신위전에 나아가 꿇어앉으시오

各室終獻官搢笏(각실종헌관진홀)
각실 종헌관은 홀을 꽂으시오

執爵獻爵(집작헌작)

작을 받들어 올리시오

남: 네, 각 실 종헌관들이 마지막 술잔을 올리기 위해 제상이 차려진 신실 안으로 들어갔습니다. 제상 앞에 무릎을 꿇고 앉아 기다리고 있으면 종헌 의식에 참여하는 제관들이 법도에 따라 술잔을 들여오고 종헌관은 그것을 건네받아 신위 전에 받아 올리게 됩니다.

여: 이렇게 되면 이제 종묘대제의 핵심 절차인 세 번의 술잔을 올리는 초헌, 아헌, 종헌의 삼헌례가 마무리되는데요, 제상에 마련된 술잔 놓는 곳이 꽉 차게 됩니다.

남: 모든 분께 술잔을 올리고 나면 이제 종헌 의식에 참여했던 각 실의 제관들은 하월대에 위치한 제자리로 돌아가게 됩니다.

종헌례를 행하는 헌관과 제관들

各室終獻官俯伏興平身(각실종헌관부복흥평신)
각실 종헌관은 부복했다가 일어나 서시오

執笏(집홀)
홀을 잡으시오

贊儀引各室終獻官降復位(찬의인각실종헌관강복위)
찬의는 각실 종헌관을 인도하여 제자리로 내려가시오

贊儀引七祀獻官功臣獻官還復位(찬의인칠사헌관공신헌관환복위)
찬의는 칠사헌관, 공신헌관을 인도하여 제자리로 돌아가시오

(두 가지 건축 스케일)

여: 세 번째 술잔을 올린 각 실의 종헌관들이 찬의의 인도로 제자리
로 돌아가고 있습니다. 이 분들이 모두 내려가서 하월대의 원래 자리
에 서게 되면 역시 음악이 그치고 종헌례는 물론 궤식례부터 시작된
신이 즐기는 절차가 모두 끝이 납니다. 그리고 신을 보내드리는 절차
가 시작되는데요, 조상들이 드신 술과 제물을 먹고 복을 받는 음복례
부터 진행될 예정입니다. 그런데 제관들이 제자리로 돌아가는 데는
또 시간이 좀 걸리겠지요. 그 사이에, 정전과 영녕전을 감상하는 방
법이 따로 있다고 하는데요, 이번에는 그 말씀을 나눠보겠습니다.
지금 제향이 거행되고 있는 19칸짜리 정전 건물을 보면요, 장엄함을
넘어서 압도당하는 위압감마저 느껴집니다. 그런데 정전과는 불과 3

칸 차이밖에 안 나는 16칸짜리 영녕전 건물을 볼 때에는 좀처럼 이런 느낌을 받지 못합니다. 교수님, 왜 이렇게 다른 느낌을 받는 것일까요?

남: 네, 건축학계에서는요, 건물의 규모를 구분할 때 보통 기념비적인(monumental) 척도와 인간적인(human) 척도로 양분해서 말한다고 합니다. 여기서 인간적인 척도란 것은 인간이 감각적으로 느낄 수 있기에 적당한 것, 다시 말해, 한 번에 보고 구분할 수 있는 규모를 말합니다. 반면에 기념비적 척도를 활용한 건물들은 인간의 감각을 넘어서게 만든 것이기 때문에 '초일상성'을 느낄 수 있는데요, 보통 균일하게 반복하는 것을 그 특징으로 하고 있습니다.

여: 그러면 이러한 원리를 정전과 영녕전에 한 번 대입해봐야겠는데요.

남: 네, 우선 정전은 보시는 바와 같이 어떤 단절도 없이 지붕이 하나의 직선으로 이어져 높고 균일하게 뻗어있습니다. 바로 이 점에서 우리는 정전의 무한반복적인 척도에 압도됩니다. 그래서 장엄한 느낌과 더불어 초월적인 영역으로 가는 경건한 마음마저 갖게 됩니다. 반면에 영녕전은 중앙의 4칸이 한 단 높게 솟아 있죠. 이렇게 중간에 분절이 생기는 관계로 우리는 이 영녕전의 규모를 단번에 가늠할 수 있게 됩니다. 그래서 정전과 같은 장엄한 느낌을 받지는 못하지만, 인간적인 따스함과 친근감을 맛볼 수 있는 것입니다. 따라서 정전은 기념비적 척도에, 영녕전은 인간적 척도에 가깝게 완성된 건물임을

알 수 있습니다.

여: 그렇군요. 여러분들께서는 지금 말씀드린 척도로 정전과 영녕전을 비교 감상해 보시기 바랍니다. 종묘가 유네스코 세계문화유산으로 등재될 수 있었던 것은 바로 이런 건축 배경과 원리를 인정받았기 때문일 겁니다.

종묘대제의 가장 중요한 순서인 신이 즐기는 절차가 마무리되어가고 있습니다. 이제 남은 것은 신을 보내는 절차입니다. 잠시 후 종헌례가 마무리되는 대로 음복례를 시작으로 차례로 철변두, 망료례가 진행될 예정입니다.

樂止(악지)

악을 그치시오

6시 30분. 태평소 가락과 징 소리를 끝으로 음악이 그쳤다. 이제 신을 보내드릴 차례다.

8) 음복례

行飮福禮(행음복례)
음복례를 행하시오

　　여: 신을 보내는 첫 번째 절차인 음복례를 시작하겠습니다. 음복례는 제향에 쓰인 술과 음식을 후손들이 먹음으로써 조상이 주신 복을 받는 의식으로 왕실과 국가의 안녕을 기원하는 뜻이 담겨져 있습니다. 음악은 연주되지 않습니다.

禮儀使跪奏請皇嗣孫出小次(예의사궤주청황사손출소차)
예의사는 황사손께 소차에서 나오시도록 청하시오

禮儀使導皇嗣孫陞自東階詣飮福位(예의사도황사손승자동계예음복위)
예의사는 황사손을 인도하여 동쪽 계단으로 올라 음복위로 가 서 도록 하시오

　　여: 신을 보내드리는 절차가 시작되었습니다. 음복례가 그 첫 순서인데요, 음복은 초헌관인 황사손이 행합니다. 초헌례 이후 소차에서 쉬고 있던 황사손이 이제 예의사의 인도로 소차에서 나와 동쪽 계단을 올라 음복하는 장소로 가고 있습니다. 신을 보내드리는 절차는 음복례를 시작으로 차례로 철변두, 송신례, 그리고 망료례로 진행될 예정입니다. 망료례를 행하고 나면 모든 의례가 끝나게 됩니다.

술을 음복하고 있는 황사손

고기를 음복하고 있는 황사손 ⓒ문화재청

第一室大祝官捧爵右奠官捧俎詣飮福位北向跪(제일실대축관봉작우전관봉조예음복위북향궤)
제1실 대축관은 작을 받들고 우전관은 조를 받들어 음복위로 나아가 북쪽을 향해 꿇어앉으시오

남: 음복은 동쪽 끝 마지막 신실인 제 19실 옆에 붙어있는 익실에서 행해집니다. 음복할 음식은 제 1실에 올린 술과 익힌 고기입니다. 지금 제 1실의 대축관과 우전관이 각각 음복할 술이 담긴 술잔과 익힌 고기가 담긴 그릇을 들고 동쪽 끝 음복위로 걸어가고 있습니다.

여: 네. 음복위에는 황사손이 도착해 서쪽을 향해 서 계시는데요, 대축관과 우전관이 술과 고기를 가지고 음복위에 도착하면 꿇어앉아 황사손에게 차례로 술과 고기를 올리고 황사손은 모든 제관을 대표하여 이를 음복합니다.

남: 네. 음복이라는 절차는 우리 제사에서 아주 중요한 순서입니다. 조상들께 바친 술과 음식을 후손들이 음복하면서 복을 받는다는 의미도 있습니다마는 여기에는 더 깊은 뜻이 있기 때문입니다. 조상들이 드신 음식을 자신들이 먹음으로써 조상들의 체취를 느끼고 그들과 하나가 되어 그들이 지닌 크나큰 복을 자연스럽게 인수하려는 생각이 담겨 있습니다. 자신들의 생명의 근원인 조상들과 하나가 됨으로써 불멸을 꿈꾸는 것이지요. 그래서 다른 종교 전통에서도 이 음복 절차는 중요하게 여겨지고 있습니다.

禮儀使跪奏請請皇嗣孫 西向跪(예의사궤주청황사손서향궤)
예의사는 꿇어앉아 황사손께서 서향해 꿇어앉으시도록 아뢰시오

受爵受俎(수작수조)
작과 조를 황사손께 드리시오

禮儀使跪奏請皇嗣孫俯伏興平身(예의사궤주청황사손부복흥평신)
예의사는 꿇어앉아 황사손께서 부복하였다가 일어서시도록 아뢰시오

禮儀使跪奏請皇嗣孫執圭(예의사도황사손강복위예판위)
예의사는 황사손을 내려오시도록 인도하여 판위에 서도록 아뢰시오

> **여:** 음복을 마친 황사손이 이제 절을 하기 위해 예의사의 인도로 판
> 위가 있는 곳으로 내려가고 있습니다. 판위는 황사손이 절을 올리는
> 자리를 말합니다. 제관들이 서 있는 곳 앞쪽에 위치하고 있는데요, 잠
> 시 후 황사손이 판위에 도착하면 예의사의 인도로 무릎을 꿇고 국
> 궁사배, 즉 네 번의 절을 하게 됩니다. 이어서 모든 헌관, 천조관, 봉
> 조관, 칠사헌관, 공신헌관, 그리고 참반원 역시 4배를 하게 됩니다.
> 이렇게 모든 제관이 절을 마치고 나면 음복례 절차는 마무리되고 이
> 어서 제물을 거두는 철변두가 진행될 예정입니다.

禮儀使奏請皇嗣孫鞠躬四拜興平身(예의사궤주청황사손국궁사배흥
평신)
예의사는 꿇어앉아 황사손께 무릎을 꿇고 네 번 절하고 일어서시

도록 아뢰시오

여: 황사손이 신위를 향해 국궁사배를 하고 있습니다. 종묘제례는 조
선 왕실과 국가의 가장 중요한 제례의식이었습니다. 그래서 조선의
국왕은 제향에 앞서 몸과 마음을 엄숙하고 깨끗하게 합니다. 또한 이
제례 기간에는 문상이나 문병을 하지 않았음은 물론이고 음악도 듣
지 않고 형살 문서에도 서명하지 않았습니다.

各室獻官薦俎官捧俎官七祀獻官功臣獻官 搢笏(각실헌관천조관봉
조관칠사헌관공신헌관진홀)
모든 헌관, 천조관, 봉조관, 칠사헌관, 공신헌관은 홀을 꽂으시오

鞠躬四拜興平身(국궁사배흥평신)
무릎을 꿇고 네 번 절하고 일어서시오

(배, 흥 / 배. 흥 / 배, 흥 / 배, 흥)

執笏(집홀)
홀을 잡으시오

參班員鞠躬四拜興平身(참반원국궁사배흥평신)
참반원은 무릎을 꿇고 네 번 절하고 일어서시오

여: 참석하신 모든 내빈께서는 자리에서 일어나 허리를 굽혀 예를

표해 주시기 바랍니다.

(배, 홍 / 배. 홍 / 배, 홍 / 배, 홍)

9) 철변두

2015년 종묘대제부터는 철변두를 행한다는 창홀(行撤籩豆)을 생략하고 있다. 철변두 절차가 워낙 짧은 시간 안에 진행되어서 그런 것 같다. 사정이 그렇다보니 철변두 전용 음악인 옹안지악은 초반부에 끝이 나버려서 연주 시간이 채 1분이 안 된다. 이렇게 철변두는 종묘대제 가운데 가장 짧은 시간이 걸리는 절차이고 옹안지악은 가장 짧게 연주되는 곡이다.

(불창)
行撤籩豆(행철변두)
철변두를 행하시오

登架作擁安之樂(등가작옹안지악)
등가에서는 옹안지악을 연주하시오

各室大祝官七祀功臣執事撤籩豆(각실대축관칠사공신집사철변두)
각실 대축관 칠사공신 집사는 변(籩)을 우전관은 두(豆)를 한 개씩 조금 옮겨놓으시오

여: 조상들께 올린 제물을 물리는 절차인 철변두가 시작되었습니다. 철변두는 제향에 쓰인 그릇인 변과 두를 거둬들이는 의식입니다.

남: 오늘 종묘대제는 이제 제례를 정리하는 순서만을 남겨두고 있습

니다. 제사를 마무리할 때 가장 먼저 하는 과정은 신께 올린 제물을 거두어들이는 이 철변두입니다. 변과 두는 둘 다 굽이 높은 제기인데 각각 과일이나 국 같은 것을 놓는 데에 쓰입니다. 종묘대제의 철변 두 순서는 음식을 물리는 일을 상징적으로 나타내고 있는데요, 진설되어 있는 변과 두를 각각 하나씩 제자리에서 조금씩 옮기는 것으로 진행됩니다.

여: 지금 연주되고 있는 음악은 옹안지악입니다. 일무 없이 등가에서 행해지고 있는데요, 이 음악은 보태평과 정대업과는 별개의 음악으로 변과 두를 거두어들일 때 연주할 용도로 세조 때 만든 음악입니다.

樂止(악지)

악을 그치시오

10) 송신례

송신례 역시 철변두 때와 마찬가지로 송신례를 행한다는 창홀(行送神禮)을 하지 않는다. 음악이 바뀌는 것으로 철변두가 끝나고 송신례가 시작되었음을 알 수 있다. 예를 행하는 데에는 약 5분 정도가 걸리지만 사회석에서 송신례가 어떤 의식인지를 자세히 설명할 여유는 없다.

軒架作興安之樂(헌가작흥안지악)
헌가에서는 흥안지악을 연주하시오

禮儀使跪奏請皇嗣孫鞠躬四拜興平身(예의사궤주청황사손국궁사배흥평신)
예의사는 꿇어앉아 황사손께 무릎을 꿇고 네 번 절하고 일어서시도록 아뢰시오

여: 철변두 절차가 끝나자마자 옹안지악을 그치고 헌가에서 흥안지악을 연주하고 있습니다. 송신례가 시작된 것인데요, 흥안지악은 신을 보내드리는 예, 즉 황사손 이하 모든 제관들이 신위를 향해 무릎을 꿇고 네 번 절하는 송신례를 행할 때 연주하는 음악입니다. 역시 세조 때 만든 음악으로서 노랫말을 보면 조상신을 떠나보내는 서운한 마음과 신들이 돌아가는 모습을 그리고 있습니다.

各室獻官薦俎官捧俎官七祀獻官功臣獻官搢笏(각실헌관천조관봉조관칠사헌관공신헌관진홀)

각실 헌관, 천조관, 봉조관, 칠사헌관, 칠사헌관, 공신헌관은 홀을 꽂으시오

鞠躬四拜興平身(국궁사배흥평신)
무릎을 꿇고 네 번 절하고 일어서시오

(배, 흥 / 배, 흥 / 배, 흥 / 배, 흥)

執笏(집홀)
홀을 잡으시오

參班員鞠躬四拜興平身(참반원국궁사배흥평신)
참반원은 무릎을 꿇고 네 번 절하고 일어서시오

(배, 흥 / 배, 흥 / 배, 흥 / 배, 흥)

樂止(악지)
악을 그치시오

11) 망료례

行望燎禮(행망료례)
망료례를 행하시오

> **여:** 종묘대제의 마지막 절차인 망료례를 시작하겠습니다. 망료는
> 신을 보낸다는 뜻으로 제례에 쓰인 축문과 폐백을 태우고 묻는 의
> 식입니다. 음악은 행하지 않습니다.

禮儀使導皇嗣孫詣望燎位北向立(예의사도황사손예망료위북향립)
예의사는 황사손께 망료위로 나아가 북향으로 서시도록 아뢰시오

贊儀引七祀獻官西門外七祀瘞坎北向立(찬의인칠사헌관서문외칠
사예감북향립)
찬의는 칠사헌관을 인도하여 서문밖에 칠사예감에 이르러 북향하
여 서도록 하시오

> **여:** 망료례에서는 신관례 때 바쳤던 폐백과 초헌례때 낭독한 축문을
> 태우는데요, 후손들은 이 때 나오는 연기와 함께 신이 떠난다고 여겼
> 습니다. 지금 예의사가 황사손을 하월대 서쪽 끝에 마련된 망료위로
> 인도하고 있습니다. 폐백과 축문은 제 1실에서 사용한 것을 태우게
> 되는데요, 방금 제 1실의 대축관과 묘사가 각각 축과 폐를 받들어 서
> 쪽 계단을 내려왔지요. 이들 역시 황사손을 뒤따라 망료위를 향해 걸
> 어가고 있습니다. 황사손은 망료위에서 오늘 바친 폐와 축문을 태우

는 것을 지켜보게 됩니다.

남: 그렇습니다. 망료례의 과정을 간단하게 설명해 드리면요, 축문과 폐를 태우고 묻는 의식은 예감이라는 곳에서 진행됩니다. 이 의식을 마친 제관들(대축관, 묘사 등)이 망료위로 돌아오면 예의사가 꿇어앉아 황사손께 예를 마쳤음을 고합니다. 이어 황사손과 망료례를 행한 제관들이 제 자리로 돌아가면 신주를 들여 모시는 의식을 행합니다. 신주를 들여 모시고 나면 모든 제관들이 마지막 4배를 올리기 위해 원래 자리인 하월대로 내려오게 되는데요, 역시 시간이 좀 걸리겠지요. 제관들이 4배를 올리고 나면 악사와 일무원이 퇴장을 하고 이로써 종묘대제는 대단원의 막을 내리게 됩니다.

망료위의 위치나 상세한 절차는 명확하게 정해있지 않은 듯하다. 망료위의 위치는 최근에는 서쪽 하월대 끝에 마련되어 있었지만 첨부한 사진을 보면 하월대 아래에 마련되어 있는 것을 알 수 있다. 또한 지금은 사진에서처럼 황사손이 직접 축문을 들고 살피지도 않을뿐더러 축문과 폐를 들고 오는 제관들과 마주 선 형태로 서 있는 것도 아니다. 아울러 신주를 들여 모시는 절차도 이전에는 송신례 때 행하기도 했으며 지금과 같이 망료례 때 행한다 하더라도 마지막 4배를 올린 후에 진행했다. 그러나 최근에는 신주를 들여 모신 후에 마지막 4배를 올리고 있다.

第一室大祝官捧祝廟司捧幣降自西階詣望燎位(제일실대축관봉축묘사봉폐강자서계예망료위)
제1실 대축관은 축을 받들고 묘사는 폐를 받들어 서쪽 계단으로

망료위에서 축문과 폐를 살펴보는 황사손

축문과 폐를 태우는 모습 ⓒ문화재청

내려가 망료위로 나아가시오

可燎(가료)
축과 폐를 태우시오

大祝官捧祝廟司捧幣焚於燎所(대축관봉축묘사봉폐분어료소)
대축관은 축을 받들고 묘사는 폐를 받들고 요소로 가서 태우시오

七祀祝官詣瘞坎置祝版瘞訖(칠사축관예예감치축판예흘)
칠사축관은 예감으로 가서 분축하여 묻으시오

여: 지금 대축관과 묘사가 축문을 태우고 있는데요, 종묘는 조선 시
대 왕실의 사당인 동시에 국가의 사당이었습니다. 1995년도에 세계
문화유산으로 등재가 되었죠. 조선왕조 역대 왕과 왕비의 신위를 모
시고 드리는 제례의식인 이 종묘제례와 종묘제례악은 2001년도에
유네스코 인류무형유산으로 선정되면서 우리 문화유산의 우수성과
독창성을 세계에 널리 알리고 있습니다.

남: 특히 종묘제례는 제향의식을 비롯해서 기악과 노래, 그리고 춤
이 어우러지는 세계적으로 유례가 드문 종합의례로서 큰 가치가 있
습니다.

禮儀使跪奏禮畢(예의사궤주예필)
예의사는 (황사손 좌측에) 꿇어앉아 예를 마쳤음을 아뢰시오

禮儀使導皇嗣孫還復位(예의사도황사손환복위)

예의사는 황사손께 제자리로 돌아가시도록 인도하시오

贊儀引七祀獻官祝官還復位(찬의인칠사헌관축관환복위)

찬의는 칠사헌관과 축관이 제자리로 돌아가도록 인도하시오

남: 네. 이제 황사손이 예의사로부터 축문과 폐를 태우고 묻는 예를 마쳤음을 보고받고 제자리로 돌아가기 위해 걸어가고 있습니다. 함께 예를 행한 제관들 역시 제 자리로 돌아가고 있습니다.

여: 지금 보고 계시는 종묘대제는 조선왕조의 매우 중요한 국가의례였기 때문에 국왕이 직접 참여할 뿐만 아니라 수천 명에 달하는 대규모의 인원이 동원되었습니다. 여기에 또 엄청난 양의 제사 음식과 수천 개에 달하는 제기가 동원되었는데요, 종묘대제는 그야말로 국가의 '대제(大祭)'였습니다.

各室大祝廟司盒櫝納神主(각실대축묘사합독납신주)

각실 대축과 묘사는 독을 덮고 신주를 들여 모시시오

禮儀使導皇嗣孫入小次(예의사도황사손입소차)

예의사는 황사손께서 소차에 들어가시도록 인도하시오

남: 지금 하고 있는 절차는 이제 제례가 거의 마무리되어가고 있기 때문에 각 실의 신주를 원래 위치로 들여 모시는 것입니다. 대축관과

신주를 들이는 모습

묘사가 독, 즉 신주를 넣어두는 나무 궤를 덮어서 신주를 모셔 들입
니다.

여: 신주는 죽은 사람의 혼을 담아 놓은 나무로 만든 '패'를 말합니
다. 그러니까 몸을 떠난 영혼이 의지할 수 있도록 상징물을 만든 것
인데요, 우리가 평상시에 쓰는 말 중에서 이 신주와 관련된 게 있다
고 하죠?

남: 네, '혼구멍'이라는 말도 그중에 하나입니다. 여러분들은 아마 '혼
구멍 났다'라는 표현을 종종 들어보셨을 텐데요, 이 신주에는 상하좌
우 그리고 앞 뒷면에 모두 여섯 개의 구멍이 뚫려있습니다. 이 구멍
은 죽은 사람의 영혼이 머무는, 말 그대로 '혼' 구멍입니다. 그래서 우

신주의 혼구멍

리가 매우 힘든 일을 겪고 난 후에 보통 죽을 뻔했다는 뜻으로 '혼구멍 났다'라는 표현을 쓰는 겁니다.

여: 그러니까 혼구멍이라는 말이 이 신주에 뚫린 실제 구멍을 말하는 것이었군요. 자, 이제 신주를 들여 모시는 절차가 끝나고 황사손이 예의사의 안내를 받아 쉬고 있던 소차로 돌아가고 있습니다. 황사손이 소차에 들어가면 오늘 종묘대제의 최종 순서로 모든 제관이 제자리로 가서 4배를 하게 됩니다. 제례를 잘 끝냈다고 조상들께 마지막 인사를 드리는 것입니다.

諸執事俱復拜位(제집사구복배위)
모든 집사는 절할 자리로 돌아가시오

남: 지금 여러분들은 오늘 종묘대제에 참석했던 모든 제관이 마지막 인사를 드리기 위해 절을 하는 위치로 가는 것을 보고 계십니다. 모든 제관이 4번의 절을 올리면 오늘 행한 종묘대제는 막을 내리게 됩니다.

여: 한국의 종묘는 건축물과 더불어 500여 년 전의 제례와 제례악의 본모습을 거의 그대로 보존하고 실현하고 있는 유일한 곳으로서 그 가치가 매우 큽니다. 그런데 교수님, 종묘에서는 종묘대제 이외에도 나라에 큰일이 있을 때 임시로 제사를 올렸다고 하죠?

남: 네, 그렇습니다. 예를 들어서 종묘에서 빌거나 고할 일이 있을 때 하는 기고제(祈告祭), 햇과일이나 햇곡식이 나올 때 바치던 천신제(薦新祭), 또 세자나 세자빈 혹은 왕비가 종묘에 가서 인사를 올리는 묘현례(廟見禮), 그리고 나라에 길흉사가 있을 때 고하던 고유제(告由祭)와 같은 제사들이 있었습니다.

여: 또한 조선 시대에는 종묘대제 외에도 사직대제나 환구대제와 같은 국가대제가 몇몇 있었지요.

남: 네, 하지만 종묘대제는 사직대제나 환구대제와 같은 여타의 '대제'와 비교해볼 때 규모나 빈도 면에서 가장 큰 제례였습니다. 이런 사실을 통해서 우리는 종묘제례가 당시 조선 사회에서 갖고 있던 위치를 알 수 있겠습니다.

여: 지금 오늘 종묘대제에 참석했던 모든 제관들이 나와서 마지막 인사를 드리기 위해 하월대의 절을 하는 위치로 가고 계시는데요, 제1실의 제관들 부터 차례로 나오게 됩니다.

남: 네. 오늘 종묘대제에서 우리는 향을 피우고 술을 땅에 따라 부음으로써 조상의 혼백을 이곳 정전이라는 제향 공간에 모셨고요, 여러 제수와 제물을 정성스럽게 바치고 석 잔의 술을 올려서 이곳에 강림하신 모든 조상을 즐겁게 해드렸습니다.

여: 또 신이 드신 술과 음식을 통해서 그 복도 받았습니다. 그리고 제향에 쓰인 제물을 거둬들이고 축문과 폐도 태웠습니다. 물론 처음부터 끝까지 의식 절차에 따라서 정성스럽게 올린 연주와 노래, 춤도 끊임없이 이어졌죠.

남: 이렇게 종묘대제가 다 끝나면 왕은 재궁인 어숙실로 돌아가고 그 뒤를 이어 제관들이 모두 나가게 됩니다. 왕은 대궐로 돌아간 다음 그다음 날 궁전에서 종친들과 대신들을 불러 모아 현재 우리들이 각 가정에서 제사를 지낼 때 하는 것처럼 제사 음식을 나누어 먹는 음복연을 열었지만 현재 제향에서는 재현하지 않습니다.

(잡상에 대하여)

여: 제관들이 절 할 자리에 서는 데는 약 5분 정도의 시간이 더 걸릴 예정입니다. 관람석에 계신 여러분들께서는 끝까지 성숙한 관람의식

정전 지붕의 잡상

을 가지고 지켜봐 주시기를 부탁드립니다. 교수님, 그러면 그사이에 재미있는 이야기를 나눠보면 어떨까 합니다. 오늘 마지막 설명의 주제가 될 것 같은데요, 이 궁궐 영역에 있는 주요 건물들을 보면요 지붕 위에 잡상이 있잖아요? 이곳 정전 지붕 위에도 잡상이 있는데요, 이 잡상은 무엇이고 어떤 의미를 담고 있나요?

남: 네. 아마 여러분들도 궁궐 영역의 많은 건물에서 이 잡상들을 보셨을 겁니다. 정전 지붕 위에도 일곱 가지 잡상들이 놓여 있는데요, 이 잡상들은 온갖 잡귀와 요괴들이 건물에 범접하지 못하도록 한다는 상징적인 의미가 있습니다. 한마디로 하면 '요괴를 물리치는 드림팀'이라고 할 수 있습니다. 특히 그 안에 있는 한 팀이 아주 환상적입니다.

여: 어떤 팀인데요? 사람 같기도 하고 동물 같기도 한데요.

남: 네. 잡상의 앞부분부터 자세히 보면, 이들은 삼장법사를 선두로 해서 손오공, 저팔계, 사오정 등 〈서유기〉에 나오는 인물들을 형상화하여 배치해 놓은 것임을 알 수 있습니다. 그런데 이들이 누굽니까? 8세기경에 당나라의 수도인 장안(지금의 서안)에서부터 인도에까지 다녀온 드림팀이 아닙니까? 소설에 의하면 이들은 수많은 요괴를 물리치면서 온갖 고난을 극복하고 불경을 가져왔습니다. 그래서 옛사람들은 이들을 궁궐 지붕에 배치해서 온갖 잡귀를 막고자 한 것입니다. 그들이 가진 능력으로 궁궐 건물을 태우거나 파괴하는 요괴들과 맞서라는 것입니다.

여: 그렇군요. 우리나라 궁궐 영역의 건축물에 있는 잡상들은 5개부터 11개까지 보통 홀수로 되어있습니다. 그런데 온갖 잡귀를 막아주는 잡상임에도 불구하고 그 모양새가 참 정겹습니다. 이렇게 궁궐 영역 건축물에서 천진하고 다양한 모양의 잡상이 나타나는 것은 우리나라가 거의 유일하다고 합니다.

이제 곧 모든 제관이 제 자리로 위치한 후 신을 향해 '국궁사배', 즉 네 번의 절을 올리고 음악을 담당한 악사와 일무원들이 퇴장하고 나면 오늘 종묘대제는 대단원의 막을 내리게 됩니다. 여러분들께서는 종묘대제가 끝까지 잘 마무리될 수 있도록 협조해 주시면 감사하겠습니다.

諸執事搢笏(제집사진홀)
모든 집사는 홀을 꽂으시오

鞠躬四拜興平身(국궁사배흥평신)
모든 집사는 무릎을 꿇어 네 번 절하고 일어서시오

(배, 흥 / 배, 흥 / 배, 흥 / 배, 흥)

執笏(집홀)
홀을 잡으시오

樂師率樂員佾舞員退出(악사솔악원일무원퇴출)
악사는 악원과 일무원을 인솔하여 나가시오

禮畢(예필)
모든 예를 마쳤습니다

여: 종묘대제의 모든 의례가 마무리되었습니다.

남: 종묘제례의 정신적인 가치는 '천지인의 합일사상'과 '충', '효'라고
말씀드릴 수 있습니다. 정세의 혼란을 선조를 향한 도덕으로 바로 세
우고자 하던 옛 조선의 정신을 만날 수 있었는데요, 여기 오신 모든
분께 매우 뜻깊은 시간이 아니었을까 합니다.

모든 예를 마친 제관들이 절할 자리로 자리하는 모습

마지막 국궁사배

여: 오늘 거행된 종묘대제를 통해서 오래된 왕실의 문화적 정신과 예술적 가치를 세계로 알릴 수 있는 좋은 기회가 되지 않았나 다시 한 번 생각해봅니다. 세 시간여 동안 수고해주신 모든 제관과 음악을 맡아주신 악사와 일무원 여러분, 그리고 자리해주신 모든 분께 깊은 감사를 드립니다. 이것으로 문화재청과 한국문화재재단이 주최하고 종묘대제봉행위원회가 주관한 국제문화행사 유네스코인류무형유산 종묘대제를 모두 마치겠습니다.

남: 지금까지 진행에 이화여대 최준식이었습니다.

여: 아나운서 ○○○였습니다. 감사합니다.

7시 20분! 장장 세 시간여에 걸쳐 진행된 종묘대제가 끝이 났다.

이후 사후 안내멘트를 진행한다. 예를 들면 제관들의 기념촬영 안내, 질서 있는 퇴장, 내외빈의 신실 관람 안내 등등이 그것이다.

에필로그

– 종묘 주변을 서성거리며

    이렇게 해서 종묘대제는 끝이 났다. 끝이 나면 나는 빌려 입은 한복을 벗고, 원래 입고 왔던 옷으로 갈아입어야 하기 때문에 망묘루로 돌아가야 한다. 망묘루는 원래 임금이 사당을 바라보며 선왕과 백성들을 생각하기 위해 지은 건물이라고 하는데 지금은 한국 전통문화와 관련된 책자나 영상물들을 보관하고 있는 자료실로 이용하고 있다. 내가 지금 보고 싶은 건물은 이것이 아니라 이 건물에 붙어 있는 고려 공민왕의 사당이다.

    나는 종묘에 갈 때마다 반드시 이 건물을 보는데 고려 시대 왕인 공민왕 사당이 조선 시대 왕의 사당인 종묘 안에 있는 것은 공민왕과 이성계의 인연 때문이다. 사람들은 조선 왕실의 사당에 웬 고려왕의 사당이 있는가 하고 의아해할 것이다. 이것은 이성계와 그의 아버지가 공민왕 시절에 고려 정계에 등용되었기 때문에 그에 대한 감사로 공민왕 사당을 만들어준 것 아닌가 하는 추측을 해본다.

종묘 공민왕 사당 내부

공민왕 사당 입구

이성계 집안은 원나라가 고려로부터 빼앗아 100년 넘게 점령하고 있었던 쌍성총관부에서 대대로 원의 벼슬을 하고 있었다. 그러다 공민왕이 반원정책을 펼 때 재빨리 고려 편에 붙게 된다. 이성계의 입장에서 공민왕이 감사한 것은 아마도 그런 자기 집안을 받아주고 고려 정계에서 활약할 수 있게 해주었기 때문일 것이다. 만일 그때 이성계가 고려 정가에 데뷔하지 않았으면 조선의 왕이 되는 일도 없을 터이니 그게 감사했던 모양이다. 그래서 추측해보는데, 이성계가 자신의 선조들 제사를 다 지내고 이곳 공민왕 사당에 살짝 들려 공민왕에게 예를 표하지 않았을까 하는 생각이 든다.

종묘 앞 피마길 입구

그렇게 공민왕 사당을 둘러보고 나서 종묘를 나서면 또 한군데 볼 데가 있다. 물론 세운상가도 있지만, 그보다는 피마(避馬)길을 소개하고 싶다. 세운상가는 그 자체만으로 많은 설명이 필요하기 때문에 다음에 기회가 있으면 그때 정식으로 하는 게 좋겠다는 생각이다. 피마길은 다음과 같은 연유에서 붙여진 길 이름이다. 조선 시대 때 신분이 낮은 백성들은 종로의 큰길을 지나다가 양반들이 탄 말이나 가마를 만나면 행차가 지나갈 때까지 땅바닥에 웅크리고 있어야 했다. 백성들은 그 일을 피하기 위해 좁은 뒷골목을 이용해서 피해서 다녔는데 피마길은 그렇게 말이나 가마를 피해서 다니는 길이라 해서 붙여진 이름이다.

지금 서울에는 피마길이 거의 남아 있지 않다. 종로 1가에 있던 대표적인 피마길은 그곳에 건물을 신축하면서 날아갔다. 그 외에 종로 3가 지하철역에서 창덕궁으로 향하는 길에도 피마길이 있긴 한데 그곳은 그리 피마길 맛이 나지 않는다. 이렇게 보면 지금 이곳 종묘와 가까운 종로 3가에 있는 피마길이 거의 마지막 남아 있는 피마길이 될지도 모르겠다. 그런데 이 지역도 개발된다고 하니 이 길도 언제까지 있을지 모르겠다.

종묘와 멀지 않은 종로 3가 피마길 먹자골목 표지판

이 피마길은 종묘 앞 큰길을 건너면 오른쪽에 있다. 이 길에는 피마길답게 음식점들이 많이 있다. 그 가운데에는 역사가 약 50년이 된다고 하는 닭 매운탕(일명 닭도리탕) 하는 집도 있고 굴 보쌈 집도 있다. 우선 이 닭 매운탕 집은 가서 앉으면 무조건 사람 수대로 그냥 나오기 때문에 주문할 일도 없다. 마늘을 많이 넣어서 그런지 맛이 좋고 마지막에는 국수를 삶아서 먹기 때문에 식사로도 전혀 손색이 없다. 이 집에 갔을 때 또 하나의 기억은 굉장히 활력적이었다는 것이다. 조금 시끄럽기는 하지만 사람들의 힘을 느낄 수 있어 좋았다.

종로 3가 피마길 닭볶음탕

이 골목길을 끝까지 가면 큰 길이 나오는데 여기가 종로 3가 지하철역이 있는 사거리이다. 여기서 길을 건너 피마길을 다시 들어가면 여기가 그 유명한 굴 보쌈 골목이다. 나는 여기에 있는 굴 보쌈 집 가운데 가장 유명한 곳을 두세 번 가보았는데 값이나 맛이 다 괜찮았던 기억이 난다. 이 집은 삼합 요리를 파는데 여기서는 홍어 대신 굴을 넣어서 돼지고기와 김치와 함께 삼합을 이루었다. 이것들을 다 섞어 쌈으로 싸서 먹으면 상당히 맛있다. 이 집의 특이점은 시키지 않아도 감자탕을 무료로 준다는 데에 있다. 감자탕이 정식 음식처럼 나오는데 돈을 안 받는 것이다. 그래서 공연히 득을 보고 있다는 느낌이 든다.

종로 3가 피마길 굴 보쌈집

어떻든 종묘대제 진행을 마치고 관람을 온 제자들과 함께 조선 시대의 흔적이 스며있는 종로 3가 피마길에 들러 막걸리 한 잔과 후덕한 음식들을 나누고 나니 종일 종묘대제를 진행하느라 긴장하고 피곤했던 기운이 싹 씻겨가는 느낌에 기분이 좋았다. 이렇게 하루를 보내면 꽉 찬 느낌이라 집으로 가는 발걸음도 가벼워진다. 그래서 매년 이날이 기다려지는 모양이다.

최준식 교수의 한국문화지 ①

한국 사람이라면 알아야 할 나라 제사

종묘대제

지은이 | 최준식·송혜나
펴낸이 | 최병식
펴낸날 | 2016년 10월 1일
펴낸곳 | 주류성출판사 www.juluesung.co.kr
　　　　 서울특별시 서초구 강남대로 435 주류성빌딩 15층
　　　　 TEL | 02-3481-1024(대표전화)·FAX | 02-3482-0656
　　　　 e-mail | juluesung@daum.net

값 16,000원

ISBN 978-89-6246-286-9 04910
ISBN 978-89-6246-285-2 04910 (세트)

宗廟大祭